AF609851

Huecos del Alma

Pilar García

Este libro fue impreso en Estados Unidos

ISBN: 978-1-6780-5193-8

Diseño de portada Rafaela Mila

Maquetación y Orto tipografía: Rafaela Mila

felitashere@hotmail.com

editorialalborada@hotmail.com

Primera Edición

Marzo 2021

Austin, Texas, EE.UU

9 781678 051938

INDICE

RECOMENDACIONES

I Will instruct you and teach you in the way you should go; I will counsel you with my eye upon you.

Te hare entender, y te enseñare el camino en que debes andar; sobre ti fijare mis ojos.

Psalm 32:8 Salmo 32: 8

It has been my privilege to have witnessed this verse come to pass in the life of Pilar. How the Lord has ministered to and formed a chosen vessel through family, situations and most importantly the leading of the Holy Spirit to teach and preach his word and show the love of God thru her life.

Ha sido un privilegio en presenciar este versículo cumplirse en la vida de Pilar. El Señor ministró y formó un vaso escogido por medio de familia, situaciones y más importante guianza del Espíritu Santo, por medio de sus enseñanzas y predicaciones de la palabra y demostración del amor de Dios en toda su vida.

Reverendo Michael P. Kerr

Mi esposa escuchó a Pilar ministrando la alabanza y adoración en una célula de hogar en la Ciudad de Guatemala, y al regresar de su viaje me platicó de ella. La invitamos a venir, y compartir con nuestra congregación en la Ciudad de Winterhaven CA. El tiempo que estuvo con nosotros, fue de mucha bendición, no solamente en el aspecto ministerial, pero también en lo personal. Nos bendijo el tenerla en casa por un tiempo, por su profundo amor al Señor, y su personalidad tan alegre. Ella ama ayudar a la gente, compartirles del Señor, y ministrar a las necesidades del alma y espirituales de todos. Estamos seguros de que su libro "Huecos del alma", hará exactamente eso.

2 Corintios 1:14 dice que Dios nos consuela en todas nuestras tribulaciones y eso nos capacita para consolar a otros. Estoy seguro de que eso es lo que la experiencia de Pilar hará por medio de este libro.

Pastores,

William y Delmith Hunter/Primera Asamblea de Dios Winterhaven CA.

"Dios siga bendiciendo tu vida amada Chiqui, sigue caminando hacia adelante sin desmayar, pues el Señor nuestro Dios estará contigo todos los días de tu vida". Te ama en el Señor, tu hermano.

Pastor, José Luis Ortiz Bolaños

Misión Cristiana Pacto de Amor. / Guatemala

Nos causa mucha alegría, el saber que nuestra querida amiga y hermana Pilar García, está publicando un interesante libro.

Conocemos a Pilar por un tiempo muy considerable, y sabemos con seguridad, que, por sus conocimientos, relación con Dios, y su testimonio, los consejos y opiniones expresados en este libro, serán de gran bendición para todos los lectores. Deseamos que Dios bendiga grandemente este proyecto, y todos los que vendrán en un futuro cercano.

Con cariño en el amor de Dios

Luis Arturo y Anita Valencia/ Ministerio "UNIDOS PARA SIEMPRE".

Conocí a Chiqui (Pilar) desde niña. La vi creciendo fielmente junto a su familia en la Iglesia, luego convirtiéndose en una mujer ungida del Señor, de Fe y perseverancia en la oración. De seguro este libro que cuenta de sus experiencias y victorias en el Señor, bendecirá su vida y será de ejemplo para muchos.

Apóstol Romeo Guerra / Misión Cristiana Sion. Guatemala.

Desde lo más profundo de mi corazón y guiada por el Espíritu Santo, doy testimonio de la integridad y fidelidad de mi amada amiga y consierva Pilar García. Ya casi 20 años de nuestra amistad y compañerismo espiritual, y viviendo experiencias sobrenaturales que solamente provienen de Dios (o del cielo). La vida de Pilar, plasmada en este maravilloso libro y como una herramienta, nos llevaran a crecer en fe y mantenernos firmes en los grandes retos y desafíos en la vida. Gracias Dios por la vida de Pilar y su familia. Te bendigo Dios amado.

Con respeto y admiración / Pastora Maritza Cano.

DEDICATORIAS

Quiero dedicar este libro "Huecos del Alma", primeramente, a Dios, por ser mi Padre, por estar siempre a mi lado, y ser mi escudo en cada momento. A Jesús, por ser mi Salvador y mi Señor, y por rescatarme de una muerte eterna. Y al Espíritu Santo, por ser mi amigo, mi guía, mi maestro, y por derramar su fresca unción cada mañana, gracias por darme la inspiración, y sobre todo la oportunidad para amarlos y servirles.

Quiero también dedicarlo a mi amado esposo William García, por ser ese hombro donde puedo descansar, por tener tanta paciencia cuando me ve ocupada en el trabajo del Señor, y comprender el llamado del Padre para mi vida, por siempre ser el apoyo económico, para sacar adelante cada proyecto del Padre, y ser mi cómplice en cada asignación que el Señor me encomienda.

Gracias, mi amor.

A mis queridos hijos Victoria y Abraham, por ser mi motor, mi inspiración, y el empuje, para dar cada día lo mejor de mí. Gracias mis hermosos por amarme tanto y comprender el llamado del Señor para mi vida.

Gracias por su obediencia, a través del proceso de este libro. Sé dé las muchísimas horas, que estuve ocupada tras mi computadora, gracias por alentarme cuando el cansancio me vencía. Son increíbles chicos.

Deseo dedicar este libro a mi querida Mentor, Finita Bolaños de Ortiz (Madre). Por su amor incondicional para mí. Por siempre haber creído en las promesas de Dios para mi vida y por nunca rendirse cuando la promesa parecía no llegar. Sé que hoy hay una gran sonrisa en el cielo. A mi Padre Luis Humberto Ortiz, con cariño y amor, por ser ese maravilloso papá, siempre al cuidado de mí, por tus consejos y sabiduría... Besos al cielo.

Pilar García.

AGRADECIMIENTOS

Quiero agradecer el apoyo y el respaldo de cada uno de los Ministerios que apoyaron este libro. A todos los que creyeron en esta encomienda, gracias por sus palabras de amor, de confianza y sobre todo de ánimo, que siempre han tenido hacia mi persona. Gracias por su constante oración, gracias porque cuando menos lo he imaginado, su apoyo y ayuda siempre ha estado allí para mi familia. Hoy honro sus vidas y sus Ministerios, del cual he sido partícipe en algún momento de mi vida. No hay palabras que describan mi amor y el profundo agradecimiento que siento en mi corazón hacia ustedes. Muchas bendiciones.

Pilar García.

PREFACIO

Querido lector, es para mí una bendición muy especial, poder traer a ti, este libro "Huecos del Alma". Este proyecto ha nacido en el corazón de Dios, para poder traer una palabra de sanidad y de vida. A través de él experimentarás un emocionante recorrido desde tu infancia, atravesando por tu adolescencia, tu juventud y tu edad adulta. Por lo acelerado de nuestras vidas y nuestras agendas ocupadas, pocas veces tomamos tiempo para estar a solas, y encontrarnos con nosotros mismos. Sin embargo, creo firmemente, que muchos de nuestros problemas serían más fáciles resolverlos, si tan solo tomáramos diariamente un momento para reflexionar, y estar callados en la presencia del Señor. Hay que permitirle a Él que descubra lo que hay en las profundidades de nuestro ser interior.

Este libro te ayudará a través de las historias que encontrarás, una herramienta poderosa, para lograr sacar a flote, esas circunstancias, que han estado por mucho tiempo ocultas, y que probablemente sean la razón, por la cual te es difícil avanzar, ser estable, o tener una relación saludable con aquellos que te rodean.

A través de él identificarás situaciones del pasado o de tu presente, que te están limitando para alcanzar tu propósito aquí en esta tierra.

Siempre he creído en la superación personal, aquella que logramos a través de la escuela de la vida. En este libro encontrarás una oportunidad para hacerte amigo de cada situación, en lugar de verla como un enemigo destructivo, descubrirás, que aún lo más negativo, puede convertirse en una bendición no solamente para ti, sino para alguien más.

Mi deseo es que cada historia aquí plasmada, despierte en ti, la necesidad de cambio, de un cambio genuino y transparente. Lee en orden una a una cada historia, para poder comprender mejor el contenido y así lograr extraer todo el beneficio posible a tu favor.

CAPITULO 1
Marcada por el cielo

El relato que estas a punto de leer, es acerca del maravilloso regalo de la vida, y como una decisión puede ser tan poderosa, que sea capaz de cambiar tu destino, el de tu familia y aún más allá, la de tu descendencia.

Era el mes de noviembre del año 1974, una joven mujer católica devota, se debatía entre la vida y la muerte en un Hospital de la Ciudad de Guatemala, estaba a punto de dar a luz a una niña. Sobre su cuello colgaba un crucifijo, el cual ella tomaba entre sus manos fuertemente, mientras suplicaba a Dios, poder ver el rostro de su hija, estaba llena de terror, temía morir en el parto.

Su temor era infundado por complicaciones que había tenido en sus partos anteriores, y éste no era la excepción era un embarazo catalogado de alto riesgo.

Dos años antes había sufrido la pérdida de un bebé que al nacer tenía el cordón umbilical enrollado en su cuello, después de un trabajo de parto traumático, por fin la bebé nació sin vida.

Después de este suceso, ella visitaba todos los Domingos el cementerio, llevaba flores hermosas para decorar aquella pequeña tumba, de su amada hijita María de los Ángeles, como fue nombrada al momento de nacer.

Todos esos recuerdos la atormentaban, todas esas imágenes se repetían una y otra vez en su mente y ella rogaba a Dios por la vida de este nuevo ser que estaba en su vientre. En el silencio de su alma susurraba suavemente: Por favor, Dios, dame esta niña, por favor dale vida, has un milagro.

Mientras estaba en labor de parto, perdió la conciencia, a lo lejos escuchó el sollozo de la pequeña bebé y dijo para sí, Ya nació y de pronto se desvaneció, lo único que pudo ver era un túnel muy oscuro, por donde ella caía, en ese momento los médicos trataban de reanimarla y hacerle volver, pero ella se había ido por unos minutos, su hermana mayor que era enfermera de aquel hospital estaba a su lado, ella comenzó a orar y a pedirle a Dios que por favor le diera vida, que la hiciera volver, porque había un bebé que la estaba esperando. De repente aquella joven mujer volvió, despertó llorando y pidiendo ver a la pequeña que acababa de dar a luz.

Ella repetía una y otra vez que había muerto, pero que Dios le había dado vida, ella explicaba que había caído en muchos túneles oscuros, y que había llegado a un lugar con mucha paz, donde había visto a Jesús, y que, sin palabras, él le había dicho, no es tu tiempo aún.

Mientras ella hacia este relato, se quitó el crucifijo que traía sobre su cuello, porque dijo: Jesús es tan hermoso, no se parece en nada a este que traigo colgado, el que vi es bello muy hermoso y es real.

Momentos después le trajeron a su bebé, ella la abrazo con todas sus fuerzas y dijo: Jesús te entrego a esta niña, para que te ame, te sirva y te sea fiel todos los días de su vida, y la levantó en alto y añadió: La ato a tu sangre preciosa, ella es tuya, te la entrego, y te entrego mi vida también, al único Dios verdadero que me dio la vida una vez más.

Esta es la historia de mi nacimiento, y como fui ofrecida a Dios, aquel día 18 de noviembre de 1974. Ese fue el día que fui marcada con un propósito divino, gracias a la valentía de esta extraordinaria mujer Finita de Ortiz. El vaso que Dios utilizó, para traerme a este mundo, y ser mi madre, mi amiga y mi mentora. Besos al cielo querida mamá.

Tu vida igual que la mía, tiene un propósito divino y eterno, no importando las circunstancias que has atravesado, no importando si tu nacimiento fue en dolor y tristeza. Tú no eres un error, tú no eres una estadística, tú no eres una equivocación. Tú llevas la marca de Dios para cumplir con un propósito en esta tierra.

Su palabra dice:

Mi embrión vieron tus ojos y en tu libro estaban escritas, todas aquellas cosas que fueron luego formadas, sin faltar una de ellas.

Salmo 139:16

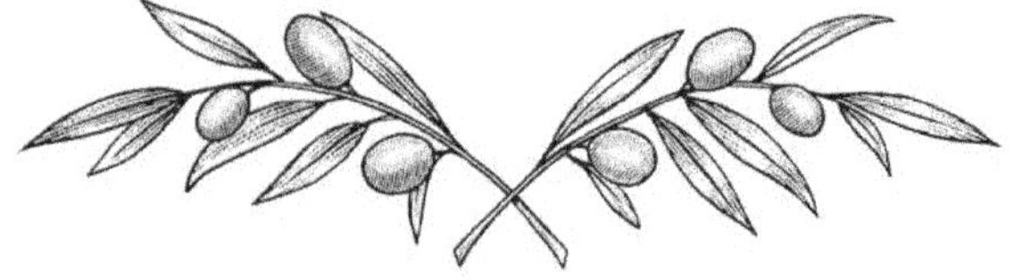

CAPITULO 2
La manzana con caramelo rojo

¿A quién no le gustan las manzanas?

Uno de mis recuerdos más vividos de mi infancia, tiene que ver con una manzana con caramelo rojo, tenía 5 años.

Por aquellos días mis padres vivían situaciones económicas muy difíciles, por esta razón mi madre tenía un trabajo de tiempo completo, igualmente mi papá.

Yo estudiaba en una guardería todo el día, entraba a las 7:00 a.m. y me recogían a las 6:00 de la tarde, y en otras ocasiones más tarde.

Todos mis recuerdos tienen que ver con este lugar, allí, desayunaba y almorzaba, era el entorno donde transcurría mi vida casi todo el tiempo, en esa época recuerdo mirar a mi mamá pocos minutos al día, solo recuerdo que llegaba muy tarde por las noches, se acercaba a mi cama, me decía suavemente al oído, ya vine, y me daba un beso en la frente, no había más comunicación que esa todos los días, esa era la rutina normal en mi casa, así fue por muchos años.

No recuerdo vacaciones familiares, unas cuantas, en toda mi vida, los dedos de mi mano sobran, no recuerdo fines de semana en familia, y si existieron realmente no los recuerdo.

Tenía dos hermanos más, mi hermano varón, era el mayor me llevaba siete años, y mi hermanita menor tenía tres años.

Siempre estábamos solos, mirábamos muy poco a mis papás. Mi mamá pagaba a una señora para que nos cuidara por las tardes y nos diera de cenar. Podría decirse que teníamos padres que, aunque presentes siempre estaban ausentes, nos amaban, no lo dudo, pero al menos para mí no era suficiente, los necesitaba.

Siempre recuerdo estar triste, era una niña pequeña de cinco años, que no me gustaba jugar ni hacer amigas. Disfrutaba de mis monólogos internos y me hacía con frecuencia muchas preguntas que no tenían respuestas.

Siempre le preguntaba a mi mamá; ¿Hoy vas a poder venir a recogerme? ¿Hoy si vas a poder venir por mí? Mientras me abrazaba a una de sus piernas, mi mamá me respondía:

No sé, pero si me da tiempo vendré, pero lo más seguro es que tu hermano o tu papá vengan por ti. Me daba un beso y salía corriendo de allí.

Conservo algunas fotografías de esa época. Siendo totalmente sincera he de decirles que no me gusta verlas, en ninguna de ellas salgo sonriente, más bien siempre tengo un semblante serio y triste.

Cierto día mi mamá me dijo: ¡Mañana te iré a recoger a la guardería! Al oír esto fue como música para mis oídos, sentía tal emoción que las horas de ese día se hicieron interminables, la razón era porque vería a mi mamá por más tiempo, era como si ese día hubiera a ver una fiesta en mi casa. Si, una gran fiesta, ella prometió comprarme una manzana con caramelo rojo, las vendían a la salida de la guardería, ese día estaba muy feliz, más de lo que mis palabras lo alcanzan a describir.

Llegó la hora tan esperada, salíamos a las 6:00 p.m. eran las 5:45 p.m. estaba muy inquieta, no sabía en ese momento lo que era la ansiedad, pero sentía esa sensación en mi estómago, mis piernas inquietas, mis dedos tecleando sobre la mesa, como si estuviera tocando las teclas de un piano. El reloj marcó las 5:50, luego las 5:55 y yo pensaba, no puede ir más de prisa, miraba a mi maestra, a qué hora diría la tan anhelada frase...

"Es hora de salir". Uf por fin las 6:00, la maestra nos sacó del salón y nos llevó a la puerta de salida, allí había una puerta de hierro, la trepé, me puse de puntitas para poder ver el momento en que aparecería mi mamá. Podía casi visualizarla a la distancia, cada mujer que observaba se parecía a ella, me veía corriendo a sus brazos y la miraba correr hacia mí con esa deliciosa manzana con caramelo rojo en su mano.

El reloj marcó las 7:00 p.m. todos los niños de la guardería se habían ido, y mi mamá, mi amada mamá nunca llegó.

El cielo estaba oscuro, ya era de noche, la frustración era demasiada, de repente mi hermano mayor con tan solo 12 o 13 años apareció y nos llevó a casa. Puedes imaginar esta escena, un niño de 12 años, tomando un bus con una niña de 5 años y otra de 3.

Sentí mucho enojo, no podía comprender por qué mi mamá me había mentido de esa manera, no podía comprender ¿por qué?

A mis demás compañeritos siempre sus mamás estaban allí dejándolos por las mañanas y recogiéndolos por la tarde.

Muchos malos sentimientos se albergaron en mi corazón, en mi alma, cada día, cada noche era lo mismo, recuerdo ver a mi mamá marcharse muchas veces a su trabajo y decirle en el silencio de mi corazón, "mamá te amo, que te vaya bien".

Siempre se lo dije con mi corazón, con mi pensamiento, nunca se lo dije con mis palabras, muchas veces quise correr tras ella, pero nunca lo hice.

Cierto día mi corazón se desbordó y parada allí en la puerta de esa guardería viéndola ir, con mis ojos llenos de lágrimas, le dije: "Mamá no te necesito, yo puedo sola". Ese día algo sucedió, un hielo entró en mi corazón, y lo endureció. Me prometí a mí misma que ya no lloraría por cosas que no podía cambiar. Desde ese día me hice fuerte, y nunca más dejaría salir una lágrima más.

Esto sucedió en el año 1979, tenía cinco años.

Recientemente, fui con mis hijos a un supermercado, y al entrar a una tienda, había allí una vitrina llena con manzanas con caramelo rojo, y de inmediato recordé aquel incidente de mi infancia.

Escenas corrieron por mi memoria una detrás de la otra, rápidamente en cuestión de segundos, fui trasladada a aquel lugar a aquella guardería, y luego vi a mis hijos reír, estaban felices porque estaban conmigo, riendo con mucha alegría les pregunté:

¿Quieren una manzana con caramelo rojo? Y me alegré mucho al ver como Dios ha trabajado en mi corazón, lo ha sanado de aquel pasado y ahora lo puedo recordar sin dolor.

¿Qué recuerdas tú? Será que hay algunas cosas que prefieres olvidar.

Muchas veces pensamos que es mejor que se queden en el pasado, y no queremos confrontar esas heridas, por temor. Déjame decirte que cuando confrontamos el pasado con la verdad de Dios, experimentamos verdadera libertad.

Su palabra dice:

Y conoceréis la verdad, y la verdad os hará libres.

Juan 8:32.

Avanza conmigo al siguiente capítulo... En este viaje de sanidad.

CAPITULO 3
Aserrín y Viruta

Mientras escribo esta historia, vienen a mi memoria tantos bellos y dulces recuerdos de mi niñez.

Mi mamá solía llevarme a casa de mi abuelita, cuando no tenía a alguien para cuidarnos. Mi abuelita no era muy cariñosa, pero nos amaba a su manera, porque éramos sus nietas más pequeñitas. Siempre nos recibía con helados deliciosos que ella misma preparaba con esencia de vainilla. Mi hermanita y yo éramos felices cuando nos quedábamos allí por algunas horas.

Disfrutaba de los momentos que jugaba con su perro, se llamaba Bobby, era un perro grande color Beige de mirada gentil. Aunque ahora que lo pienso con detenimiento quizás no era tan grande como lo recuerdo, tal vez era yo que era muy pequeña.

Después de comer mi delicioso helado, le pedía permiso a mi abuelita para ir al taller de mi abuelito. Su taller quedaba en la parte trasera de la casa, era un pequeño taller de carpintería.

Mi abuelito era muy cariñoso, por muchos años había trabajado en la oficina de correos, pero para esta época ya se había retirado (jubilado), y gozaba de su pensión, y casi siempre estaba en su taller.

Él se ponía muy feliz cuando nos veía llegar. Él me decía: Ten cuidado aquí hay muchos clavos y astillas y te puedes lastimar. Yo me sentaba en una esquina y lo observaba cepillar la madera, el olor que se sentía en su taller era muy agradable, yo cerraba mis ojos e imaginaba que corría y jugaba en un hermoso bosque, con pinos, árboles y flores de toda clase. A decir verdad, la imaginación de un niño no tiene límites.

Siempre en el suelo había bolsas de aserrín y virutas, me encantaba jugar con esas sobras de la madera.

Mientras jugaba conversaba con mi abuelito, hablábamos acerca de muchos temas, tenía 5 o 6 años, solo recuerdo que era muy ocurrente y lo hacía reír. Él era de descendencia alemana, de tez blanca casi rosada y ojos miel, nunca me llamó por mi nombre, siempre me decía "Mi Chinita". Muchas veces le vi hacer puertas, estanterías, sillas, mesas, etc.

Y mientras trabajaba me explicaba la calidad de cada madera, me decía: Esta es Cedro, esta otra es de pino, etc. Luego lo miraba barnizar con mucho cuidado, era el acabado final de sus muebles. Yo era muy pequeña, no me interesaba mucho en sus creaciones, lo que yo amaba era jugar con el aserrín y la viruta, para mí eso era lo más valioso que mi abuelito tenía en aquel estrecho taller.

Cuando mi mamá llegaba a recogernos le pedía a mi abuelito que me llenara una bolsa con virutas para poder jugar en mi casa, él sonreía y me decía:

Eso no vale nada, es basura, son restos de madera, mejor te regalo pedacitos de madera para que juegues, y yo le rogaba "dame viruta, dame aserrín, quiero jugar con eso... él no sabía que yo amaba el aroma que salía de esos despojos.

Mientras escribo esta historia sonrío, porque cuando uno es niño, no sabe el valor de las cosas. Retrocedo en el tiempo y me veo allí sentada, entretenida con esas bolsas llenas de virutas.

No recuerdo tanto los muebles que él hacía, no los veo en mi memoria, porque no le prestaba atención a eso.

El punto que deseo remarcar es el siguiente:

¿Cuántas veces, le hemos dado más valor a los despojos de nuestra vida? Muchas veces no le damos el valor que merecen los gratos recuerdos, no valoramos la familia, la risa, el amor etc.

Porque el ser humano prefiere quedarse con los malos momentos, nunca le dije a mi abuelito que lindos son tus muebles, nunca le dije lo bien que lo pasaba con él, simplemente me distraía con lo menos valioso que tenía aquel lugar.

Ahora que soy adulta, medito en ello.

¡No quiero más aserrín y viruta en mi vida! Ya no quiero ser feliz con las sobras o los despojos, es tiempo de crecer de madurar y enfocarme en lo bueno que Dios ha preparado para mí.

¿Qué te parece si tiras tu bolsa de aserrín?

¿Qué te parece si te deshaces de todo lo que tu alma ha almacenado ya por mucho tiempo?

Rencor, tristeza, malos recuerdos, desamor, falta de perdón, enojo, etc.

¡Hoy es tu día!

El Apóstol Pablo declaró:

Olvidando ciertamente lo que queda atrás y extendiéndome a lo que esta adelante, prosigo a la meta.

Filipenses 3:13

Haz más ligero tu camino…….

CAPITULO 4
Depredador al asecho

Éramos dos pequeñas niñas, mi hermanita de 4 años, y yo de 6, como todo niño, muy curiosas e inquietas. Por ser la mayor, siempre estaba al mando, mi personalidad de líder empezaba a deslumbrar, era quien tomaba decisiones, de que jugar, que ver en televisión, y que cosas ocultar de mis padres. Todo el tiempo permanecíamos juntas, en mis recuerdos era como una segunda mamá para ella, siempre sintiéndome con mucha responsabilidad por su bienestar.

Como lo he expresado en capítulos anteriores, mi mamá era absorbida por sus largas jornadas de trabajo, ella trabajaba para una Iglesia muy grande de la Ciudad de Guatemala "Elim Central", una Misión muy conocida por muchísimas personas, en aquella época su membresía era como de 5,000 personas, o un poco más. Allí mi mamá desempeñaba muchas funciones, era secretaria, ministraba a muchas personas, era enviada muchas veces a diferentes regiones del interior del país, para llevar la palabra de Dios.

Ella era lo que yo describiría como una persona "mil usos", siempre dispuesta, siempre a cargo.

Ella poseía gran carisma, y mucho liderazgo, tenía un gran poder de convocatoria, las personas la seguían y se ofrecían como voluntarios para trabajar con ella.

Llegó a tener un equipo muy grande de personas a las cuales ella capacitó y lideró, por muchísimos años, era admirada por su calidad humana, su amor y su devoción etc. Eran atributos que simplemente saltaban a la vista.

Muchos de los recuerdos de mi infancia, tienen que ver con su oficina, siempre impecable, bien ordenada y organizada, siempre ocupada en su máquina de escribir, o entregando informes a sus jefes, que eran los diversos pastores que trabajaban para esta Misión.

Cada vez que mi hermanita y yo la visitábamos en su oficina, ella de inmediato nos daba hojas y crayones para podernos mantener entretenidas sin causar travesuras. El templo era muy grande, tenía muchísimas oficinas y un gran sótano donde solíamos jugar, y visitar a todas las secretarias que eran las amigas de mamá. Casi puedo decir que no había lugar de ese gran templo que yo no conociera.

Conocía al Pastor Principal y fundador Otoniel Ríos Paredes, muy conocido a nivel mundial, una que otra vez me metí a su oficina y recuerdo a mi mamá disculparse y sacarme inmediatamente de allí.

También conocía a los Pastores adjuntos y a sus esposas, Ancianos, ministros, y a todos los guardianes que eran como 4 en ese entonces. Todos eran conocidos para mí y yo para ellos. No había travesura que yo hiciera sin que mi mamá se enterase y me diera un buen jalón de orejas.

Allí estábamos casi todo el tiempo, los martes y viernes por las noches, sábados y todos los Domingos por la mañana.

Ah y si había bautizos, bodas, vigilias o retiros espirituales, también estábamos allí... Era mi segunda casa, o primera ya no sé, pero estábamos allí. SIEMPRE.

Era feliz en aquel lugar, aún le tengo mucho cariño, fue mi primera Iglesia, todas mis memorias tienen que ver con ese lugar jugando, y corriendo por todos los pasillos y oficinas, aunque no miraba mucho a mi mamá, porque ella trabajaba largas jornadas de 9:00 a.m. hasta las 11:00 p.m. cuando yo la veía llegar, si es que la veía llegar a casa.

Un viernes por la noche, estábamos en el servicio, a mi papá le había tocado servir como Diacono, lo que ahora sería un Ujier, y mi hermanita y yo permanecíamos sentadas a la par de él. El servicio estaba a punto de finalizar, y el Pastor estaba haciendo el llamado a las personas a pasar al altar para recibir oración, y para que recibieran a Jesús. Yo me dirigí a mi papá y le dije: Dame permiso para ir al baño, y él me contestó: Ve, pero lleva a tu hermanita contigo, no vayas sola.

Salimos del templo, dirigiéndonos hacia los baños, cuando de repente un señor con una Biblia grande en la mano nos habló y nos dijo: Ustedes son unas niñas muy lindas, y muy bien portadas, quiero premiarlas regalándoles unos deliciosos dulces, síganme, vengan conmigo. Nosotras le seguimos, él nos tomó de las manos, una a la derecha y la otra por la izquierda, y nos llevó a una tienda, que había afuera del templo, y estando allí dijo: Aquí hay muchas personas, y ya es tarde y no me puedo detener mucho, vamos a la otra que está más allá, y así sin darnos mucha cuenta, nos alejó del templo. Era de noche, solo recuerdo la luz de la luna brillar, había luna llena. Todas las calles alrededor estaban desoladas y vacías, no había nadie allí, excepto él y nosotras dos.

De un momento a otro cambio su gentileza y se volvió hostil y nos dijo: Si gritan las mataré.

Mi corazón empezó a latir de prisa, aunque tenía 6 años, sabía que estábamos en peligro. Traté de soltarme con todas mis fuerzas, pero no podía, él me sujetaba con mucha fuerza en mi muñeca, era imposible soltarme de él.

Mi respiración se aceleró, y le rogaba por favor suéltenos, ¿A dónde nos lleva?, no recuerdo su rostro, solo sus brazos y sus palabras de enojo. Por mi mente pasaron miles de pensamientos, pensaba nunca más volveré a ver a mis papás, morirás, es tu fin, etc. Íbamos como a medio kilómetro de distancia del templo o quizás un poco más, todo estaba silencioso y vacío alrededor, no había más que campos desiertos y ninguna persona a quien pedir ayuda.

De repente en medio de la nada, en sentido contrario a nosotros, apareció un hombre, venía con una linterna en su mano, alumbrando su camino, Yo no sabía si pedir auxilio, gritar o quedarme callada, no sabía qué hacer. Las imágenes están tan claras en mi memoria, como que hubiera sucedido ayer.

No podía creer lo que estaba viendo, dije no, no es posible, ese hombre con linterna en la mano, "Era mi abuelito"

En medio de la oscuridad lo reconocí, era mi abuelito German, y comencé a gritar su nombre con todas mis fuerzas, dije en voz alta:

Abuelito German, ¡abuelito Germán!, gritaba su nombre una y otra vez, todo transcurrió en cuestión de segundos.

Cuando mi abuelito nos vio y nos reconoció, se convirtió en una fiera, nos arrebató de las manos de aquel depredador de menores y le dijo: "Suelta a mis nietas" y forcejeó con él.

Recuerdo claramente esa pelea, ese hombre decía: Ellas son mis hijas, y mi abuelito decía: Mentiroso, ellas son mis nietas. Fue una pelea de segundos, pero intensa. Dios había llevado a un ángel aquella noche, a mi abuelito German.

Lo que acabas de leer, marco mi vida por muchos años, ese día aprendí que existen los lobos con piel de oveja, y que se ocultan en las iglesias, se esconden en las escuelas, en las posiciones de autoridad, y lo que es peor aún, muchas veces conviven contigo en tu propia familia.

Para nosotras aquella noche todo termino bien, fuimos testigos del Poder de Dios, habíamos visto con nuestros propios ojos la intervención divina del cielo, nos libró del lazo del cazador.

Su Palabra dice:

Él me librará del lazo del cazador, de la peste destructora. Con sus plumas me cubrirá y debajo de sus alas estaré segura. No tendrás temor del terror nocturno.

Salmo 91:3-5

Querido lector, No sé las situaciones que has vivido, no sé si esta experiencia de mi vida te traiga algún recuerdo negativo que prefieras mantener en el olvido, No sé, si tú has pasado por persecución, secuestro, o tráfico de personas, o te hayan retenido por algún tiempo en contra de tu voluntad.

¡Dios quiere sanar esa herida hoy! Quiere liberarte de ese trauma, de esas pesadillas que te atormentan por las noches. No tengas miedo, Dios está contigo y te lleva de su mano paso a paso.

Sabes hay veces que no entendemos por qué pasamos por ciertas experiencias, pero te aseguro que todo obrara para bien. Años después en mis 20 años, Dios trajo a una hermosa niña a mi vida, su mamá me buscó para que la ministrara, porque ella tenía mucho miedo a estar sola, y en la primera entrevista con ella y con su mamá me enteré de que esta preciosa niña de ojos azules, la habían secuestrado por varios días, Dios me usó y me dio la estrategia para ministrar, y lograr que ella nuevamente tuviera confianza, y se despojara de todos esos recuerdos traumáticos.

El Señor dijo 365 veces en su Palabra: "No temas", Si lo dijo tantas veces, es porque tiene que ser verdad.

Josué 1:5

Nunca te voy a dejar, ni a desamparar, estaré contigo todos los días de tu vida.

CAPITULO 5
Mito, leyenda o realidad

¿Dios dónde estás? ¿Eres real? Quizás eres una idea que algunos débiles necesitan creer para no fracasar con sus vidas. ¿De verdad existes?

Tenía 13 años, había crecido en la Iglesia rodeada de cantos espirituales y sermones, a los cuales nunca les prestaba atención. Si hubiera sido por mi asistencia al templo, hubiera sido la mejor cristiana del mundo. No me perdía un servicio de entre semana, estaba presente en todas las escuelas bíblicas de vacaciones para niños y luego de adolescentes, retiros espirituales, todos los que te puedas imaginar, aun así, no sabía quién era Dios, nunca había sostenido una conversación con él.

Muchas veces en la soledad cuestionaba dentro de mí, si era real. ¿Por qué existían las guerras, el hambre, la pobreza, las injusticias, y dónde quedaban los huérfanos? ¿Dios puedes responder a mis preguntas? ¿Estás allí?, esperaba escuchar algo, pero no oía nada, solo silencio y vacío, ninguna respuesta.

Era la década de los 80'. El mundo me llamaba, deseaba saber que había más allá, fuera de las 4 paredes de la Iglesia. Observaba la fe de mi mamá, fuerte, inquebrantable, llena de amor, devoción y pasión por su amado Jesús, algo que no era una realidad para mí.

Un día mientras estábamos en el templo, comenzaron las alabanzas, un grupo de muchachos bien vestidos y elegantes, comenzaron a cantar, mire a mi alrededor, hombres y mujeres de todas las edades, cerraban sus ojos, y levantaban sus manos para adorar, y allí estaba yo de pie sin pestañear pensando, ¿A qué hora sé ira para terminar? De repente mi mamá me hablo al oído y me dijo: Cierra tus ojos adora al Señor, yo la miré y me sonreí con ella, moviendo mi boca hacia un lado, tú sabes esa clase de sonrisa desganada que haces por compromiso.

En ese tiempo comencé a hacer amistades que no tenían muy buena reputación. Sabía que algo no andaba bien conmigo, sentía un vacío dentro de mí, que no alcanzaba a comprender, no lo podía llenar, y sin darme cuenta me alejaba más y más de Dios.

Recuerdo una mañana, que me desperté, porque escuché a alguien llorar fuertemente, me pregunté:

¿Qué pasa?, me levanté abrí la puerta de mi habitación muy despacio para no hacer ningún ruido, y allí de rodillas estaba mi mamá, oraba con súplicas y ruegos clamaba a Dios por mi vida y la de mis hermanos. En su oración decía: Padre muéstrate a mis hijos, muestrales el camino, quita la venda de sus ojos, ellos son tuyos no míos, ellos te pertenecen, y seguía llorando con todas sus fuerzas. Yo me conmoví, me estremecí por dentro, mis ojos se llenaron de lágrimas, en ese entonces ya tenía 14 años. Volví a mi cama y pensé no puedo ser tan débil, yo no necesito a Dios, yo no creo en Dios etc.

Debo admitir que en esa época me sentía como un velero en medio de un gran océano, un velero que no tenía un rumbo fijo, que se desplazaba sin capitán, por donde lo llevara la corriente de aquí para allá.

Ese día mi mamá entró a mi habitación, y puso sus manos sobre mí, y me preguntó: ¿Puedo orar por ti? Le dije; Sí. Ella comenzó a orar y a declarar que yo serviría al Señor, que había un gran propósito de Dios para mi vida.

Al terminar su oración me dijo: No olvides que tú fuiste entregada al nacer, yo te entregué a Dios para que le ames, le sirvas y le seas fiel todos los días de tu vida. Recuerda que estás atada a la sangre de Cristo, y que no puedes escapar de él, y sonriendo me miró y volvió a decir: Yo te voy a ver servir al Señor.

Aún recuerdo ese día claramente, yo le respondí: Mamá eso nunca sucederá, yo no terminaré como tú, metida en una iglesia, eso no se hizo para mí. Ella sonrió y me dijo con su tierra voz, yo seguiré orando hasta que lo vea, porque mi Dios es fiel.

En el silencio de mi alma, luchaba por encontrar mi identidad, por sentirme en un lugar seguro donde pertenecer. Necesitaba encontrar mi propósito, pero sobre todo anhelaba con todo mi corazón encontrarme con esa verdad acerca de Dios, deseaba descubrir por mí misma si Dios era un mito una leyenda o una realidad.

¿Quieres saber más? Tendrás que seguir leyendo.

Salmo 139:7-10

¿A dónde me iré de tu Espíritu? ¿A dónde huiré de tu presencia?

Si subiere a los cielos, allí estas tú; y si en el Seol hiciere mi estrado, he Aquí, allí tú estás.

Si tomare las alas del alba y habitaré en el extremo del mar, aún allí me guiará tu mano y me asirá tu diestra.

Querido amigo, no podemos huir a ningún lado, ni escondernos de la presencia del Señor, Yo deseaba realmente conocer a Jesús, lo único es que no sabía con exactitud como llegar a él.

La realidad, era Él, sin yo saberlo, él que estaba tras de mí. Era él quien me buscaba, era él quien me perseguía y me salía al encuentro. Yo lo ignoraba, pero Él estaba listo para hacer una gran aparición sorpresiva a mi vida.

Su palabra dice:

Ustedes no me eligieron a mí, yo los elegí a ustedes.

San Juan 15:16-18

Lejos estaba de imaginar lo que sucedería... Y sé que Dios trabajará con tu corazón a lo largo de la lectura de este libro.

Porque si Dios lo hizo conmigo, también lo hará contigo, porque Él está interesado en ti, porque te ama, porque eres demasiado importante para él.

Sigamos cuesta arriba...

CAPITULO 6

Aroma a mamá

Mi vida continuaba sin rumbo, y sin darme cuenta había caído en ciclos depresivos, yo no lo sabía, sin embargo, lo descubrí tiempo después. (En aquella época, no se hablaba mucho acerca de depresión, ni de ansiedad etc.) Tenía muy buenas calificaciones en el Colegio, aunque tenía conflictos con algunas ausencias a clase, porque me fugaba, asistía dos o tres veces por semana. Me había rebelado a mis padres de una forma pasiva, pero constantemente estaba en contra de sus decisiones. Cierto día les dije que ya no iría a la Iglesia, que trataría de honrarles en otras áreas como ser buena estudiante y llegar a ser una buena profesional, pero que de iglesia nada.

Sin darme cuenta, mi escape eran mis estudios, me enfocaba tanto allí, era muy competitiva, era adictivo para mí sacar notas altas en el Colegio, solo por autosatisfacción, y por ganarle a mis compañeros, después de todo no podía ser mala en todo, en algo tenía que destacarme, mi conducta no era la mejor pero mis calificaciones sí. Amaba la literatura de ciencia ficción, de historia y sobre todo era amante de la música.

En 1992, tenía 17 o 18 años, estaba llena de conflictos internos, había desarrollado mal carácter, había tenido problemas serios en mi centro de estudios con algunas compañeras y maestras, había sido suspendida de clases algunas veces, por agredir verbal y físicamente a algunas alumnas, en fin, no era un buen tiempo para mí.

Algunas veces las personas tienden a ocultar episodios oscuros de sus vidas, por vergüenza, por temor al qué dirán, por no perder su reputación etc. Sin embargo, yo soy de la opinión, que, si Dios permitió todo esto en mi vida, es para que mi historia, pueda edificar vidas, que hallan atravesado algo similar, o quizás poder comprender por qué los chicos actúan de forma errática y aislada etc.

Así que no omitiré nada, dice la Palabra de Dios en Proverbios que hay un tiempo para todo lo que sé quiere debajo del sol, tiempo de amar, tiempo de trabajar, tiempo de reír, tiempo de cantar, para mí es el tiempo de hablar, de contar mi historia, sé, sin lugar a duda que muchos recibirán sanidad. Todo tiene su tiempo. Proverbios 3.

Continuando con mi relato, tenía muchos dichos en esa época un tanto extraños, creía que yo no buscaba los problemas, sino que ellos me buscaban a mí.

De cierta forma, vivía una doble vida, en mi casa era tranquila, tratando de cumplir con las reglas y expectativas de mis padres, y en la calle me comportaba de acuerdo con mis propias reglas, o más bien dicho sin reglas.

Pronunciaba tantas malas palabras como te puedas imaginar, mi mamá me llamaba fuertemente la atención, por tener ese lenguaje obsceno. Mi mamá en más de una vez perdió la paciencia conmigo, aun así, nunca dejó de orar e interceder por mí.

Yo estaba consciente que necesitaba ayuda, sabía que mi mal comportamiento había nacido por tratar de llamar la atención de mi mamá, sin embargo, llegó un punto que ya había perdido el control, ya no controlaba mis acciones ni reacciones.

Muchas veces me pregunté: A quién le pido ayuda, tenía tanto enojo en contra de mis padres, en especial en contra de mi mamá.

Realmente deseaba acercarme a ella, pero siempre ella estaba muy ocupada, siempre trabajando hasta tarde por las noches, así que un día decidí, como se dice coloquialmente, simplemente tratar de llevar la fiesta en paz.

En esa época tenía pocas amigas, y no eran las mejores, una de ellas tenía problemas serios con el alcohol, otra con drogas, otra entraba y salía de relaciones con chicos, y yo bueno una chica a la que no se le podía decir nada por qué estallaba en colera e ira etc.

Me gustaba mucho tener conflictos con mi mamá, porque de alguna manera le hacía saber que yo estaba allí.

Cierto día mi mamá me prohibió salir de la casa, una amiga muy querida para mí, ese día estaba visitándonos, entonces empezó la discusión por no tener permiso para salir, mi mamá alzó la voz queriendo hacer valer su autoridad, y yo no me quede callada la levante más, y la discusión de un momento a otro se salió de control, mi mamá de repente solo la vi agarrarse su cabeza y gritar y decir:

No aguanto más, y se desmayó.

Nunca había ocurrido algo así, yo estaba muy asustada, entre mi amiga y yo la levantamos, y la pusimos en su cama, y mi mamá no volvía en sí, y yo trataba de reanimarla dándole a oler cosas fuertes para hacerla volver. Estaba tan asustada, pensé que había muerto, cuando volvió en sí, le dije que lo sentía mucho, y salí de su habitación.

Tenía tanto enojo reprimido que ya no sabía cómo contenerlo, ese día me hice la promesa de cambiar, pero la verdad no pude hacerlo, era algo que ya se había apoderado de mí. Realmente era una bomba de tiempo que explotaría en cualquier momento.

Un sábado por la mañana comenzamos de nuevo a discutir, mi papá había salido con mi hermana menor de casa, así que estábamos solas. No recuerdo la razón de la discusión, solo sé que fue intensa y que gritaba sin control, honestamente creí que me daría una buena bofetada.

Le grité cosas horribles, le dije que estaba muy frustrada con ella, le hablé del coraje que llevaba por dentro, le grité que era una mala madre, le dije que yo me sentía abandonada por ella etc. Grité y grité.

Vi los ojos de mi mamá, también estaban llenos de enojo, y a medida que yo gritaba, su semblante fue cambiando, y su mirada se transformó en una mirada de asombro, y luego sus ojos me miraron con compasión, yo estaba a punto de ducharme antes de entrar en esa discusión, yo estaba en el baño, y allí caí de rodillas, llorando y diciéndole:

¡No puedo más! ¡No puedo más!, de repente le dije; Mamá te necesito, ayúdame, me siento en una prisión, ¡y no sé cómo salir! Siento mucha soledad, y los recuerdos de mi infancia me atormentan, me hiciste crecer tan pronto, le dije, me diste responsabilidades que no estaba lista para desempeñar, y tú le dije;

Nunca estas, me cambiaste por tu trabajo, odio tu trabajo, odio la Iglesia, odio mi vida, odio mi profesión ni siquiera estudie lo que me gustaba, tome una carrera que odio, que no me gusta y por último le dije: Te odio mamá.

Mi mamá entró en el baño donde yo estaba de rodillas, se tiró al suelo conmigo y me abrazó fuerte, lloramos juntas por un largo rato, ninguna dijo nada, solo estábamos allí abrazadas llorando en silencio, yo en mi mente decía:

Tiempo detente no me quites a mi mamá, que este abrazo sea eterno.

Sentí por primera vez el "Aroma a mamá", era dulce, suave y delicado, mi cabello negro y largo estaba completamente mojado por las lágrimas, mis ojos hinchados a no más poder, ese día me di cuenta de que las lágrimas son amargas.

Mi mamá nunca me soltó, ella me pidió perdón por todos esos años de ausencia y soledad, y me explicó todos sus motivos uno a uno, y ese día ella también me abrió su corazón. Yo no sabía todo lo que ella llevaba allí.

Por dos horas estuvimos conversando lo que necesitábamos la una de la otra. Ese día se quebraron parte de las cadenas que me ataban, en ese momento para mi todo era bello y perfecto, la tristeza había desaparecido, las pesadas cargas de mi alma simplemente se habían desvanecido, podía sonreír con libertad.

"Mamá te amo", le dije suspirando, y la abrazaba con fuerza, no me dejes, ayúdame a salir adelante, te prometo cambiar le dije, y ella sonrió y me dijo:

Yo te prometo estar más tiempo contigo, porque ahora veo cuanto me necesitas.

Oramos juntas a Dios a ese Dios que aún no conocía, a ese Dios que estaba en alguna parte.

Ese día volví a nacer, ese día dejé de luchar contra corriente, ese día dejé de pelear con el mundo. Solo me dejé llevar por el amor, si, amor, ese sentimiento que no puedes explicar con palabras, pero que sabes que está allí latiendo en lo más profundo de tu ser.

Que delicioso es el "Aroma a mamá"

Él hará volver el corazón de los padres hacia los hijos.

Y el corazón de los hijos hacia los padres.

Malaquías 4:6

¡Es su promesa para ti, recíbela hoy!

CAPÍTULO 7

¿Me rindo quién eres?

Para permitir que Dios trabaje en nosotros, tiene que haber un genuino arrepentimiento.

A un principio no fue nada fácil para mí hacer cambios, porque ya había establecido patrones de conducta que estaban bien arraigados, sentía que avanzaba dos pasos y retrocedía tres. Mi vida se había convertido en un constante de altibajos, no lograba establecer una estabilidad emocional, y esto me producía una tremenda frustración y desánimo. Por mucho tiempo no había sido constante en la Iglesia, y mi mamá siempre me motivaba a asistir, sin ejercer mucha presión. Yo estaba luchando con mis propias fuerzas, contra corriente, pero seguía persistiendo, de hecho, la relación con mi mamá había mejorado notablemente.

Los sábados platicábamos con mi mamá y orábamos juntas, aún era extraño para mí, pero ambas nos estábamos esforzando.

Cierto día tomé la decisión y le dije a mi mamá; Mañana quiero acompañarte a la iglesia, me voy a levantar temprano y nos vamos todos.

El rostro de mi mamá se iluminó de felicidad y escepticismo, pero guardo silencio, no hizo ningún comentario, solo sonrió con mucha discreción. Tú sabes ese tipo de sonrisa que desearíamos saltar de alegría y gritar, pero que la reprimes por no darle muchas alas a la persona y hacer retroceder ese avance.

El Domingo llegó, me levanté muy temprano, estaba emocionada, realmente muy emocionada, recuerdo bien la ropa que escogí ese día, una falda negra y una blusa de color fucsia, y me fui con mis padres y mi hermana menor.

Los himnos habían comenzado, al entrar estaba algo lleno, porque era un templo pequeño, así que solo había lugar en la parte de atrás. Miraba a las personas levantar sus manos y adorar, otros derramaban sus lágrimas, y yo queriendo sentir algo de lo que ellos estaban experimentando, pero no podía, simplemente no sentía nada, aunque debo de admitir que podía percibir un ambiente de paz y gozo, pero esa paz y ese gozo estaban en el ambiente, no dentro de mí. Intenté levantar mis brazos en adoración, pero mis brazos pesaban, no podía hacerlo y mi garganta tenía un nudo, que no me permitía cantar, sentía un quebrantamiento en mi ser, pero no podía llorar.

Sentía que las personas a mi alrededor me observaban, allí descubrí que algo serio me ocurría, que, aunque estaba luchando por hacer las cosas correctas, mi alma aún continuaba encerrada en una prisión.

Al terminar ese precioso tiempo de adoración, el pastor subió al altar, muy amablemente saludó a todas las personas, especialmente a las nuevas visitas, saludó con mucha alegría a mi mamá, recuerda que ella era muy conocida en los círculos ministeriales, ella nunca pasaba desapercibida. Luego el pastor anunció, que él no estaría a cargo del mensaje, ya que había invitado a alguien para predicar explicó que este invitado se movía en los dones proféticos, y que no faltáramos porque recibiríamos algo especial departe de Dios.

Los años han pasado, y aún recuerdo el rostro claramente de este hombre de Dios que compartió aquella mañana de verano. Él subió al altar y dijo: He venido esta mañana, porque Dios me ha traído, porque quiere hablarles a muchas personas aquí. Oró y comenzó a predicar, yo lo miraba con curiosidad, había algo en él que conectaba conmigo, no sabía que era, solo sabía que deseaba escuchar más y más, y que no dejara de hablar.

Mientras predicaba, paró abruptamente señalando con su dedo índice en mi dirección y dijo: La señorita que está sentada allá atrás con la blusa color fucsia, de inmediato sentí una descarga de adrenalina recorrer todo mi interior, mi cara se puso caliente, y supongo roja también, traté de inclinarme hacia adelante, para esconderme detrás de la silla que tenía delante de mí, y me agaché un poco para hacerme la desentendida.

Y volvió a decir:

Tú la de la blusa fucsia es contigo, ponte de pie, sentí mucha vergüenza, aun así, temblando me puse de pie, y fijé mis ojos en él, al verle fijamente, me llamó y me dijo:

¿Ven, ven aquí conmigo?

Me levanté de mi silla, sentía mis piernas temblorosas, yo pensé para mis adentros quien es este hombre, porque me llamaba a mí, mi mamá no lo conocía, él no nos conocía, quien era este extraño que me llamaba al altar.

Bueno obedecí y me encaminé hacia donde él estaba, me paré en la parte baja del altar, frente a él, luego me dijo:

No, no te pares allí, te estoy llamando aquí, sube aquí conmigo, yo estaba literalmente temblando, no sabía que esperar, esto era tan sorpresivo e inesperado, y a decir verdad no me gusta encontrarme con situaciones donde no estoy en control.

Y esta era una de esas situaciones donde no tenía el control. Miré al pastor de la iglesia, y él consintió, y dijo: Ve, sube allí.

Bueno subí al altar, me paré al lado de este hombre y de inmediato me cedió el micrófono y me dijo:

Canta para Dios, y puso el micrófono en mi mano, y yo le respondí, con mucha seriedad; yo no sé cantar, y le devolví el micrófono y me dijo:

"Has hecho lo que has querido, y has ido donde has querido, De cierto, de cierto te digo, cuando eras más joven, te ceñías tú mismo e ibas a donde querías; más cuando ya seas viejo, extenderás tus manos y otro te ceñirá y te llevará a donde no quieras ir."

San Juan 21:18

Puso sus manos sobre mí y oro: Señor cumple tu propósito sobre esta joven, cumple tu palabra en tu tiempo perfecto.

Al terminar de orar me dijo: Irás a muchos lugares, y llevarás la palabra del Señor. Espera el tiempo, Dios traerá a muchas más personas con esta misa palabra, para que no tengas dudas que es El quien te está llamando.

Me fui a mi lugar, y por primera vez comencé a ser tocada por el precioso Espíritu Santo. Yo no sabía lo que era la unción y el Poder de Dios, no sabía que estaba reposando sobre mí, sobre mi cabeza, no lo conocía, pero era maravilloso.

A la semana siguiente el pastor anunció que tendríamos una vigilia en el templo, (Una vigilia, es un tiempo que destinas durante toda la noche, para buscar más de Dios en oración). Dijo que estaríamos desde las 9:00 p.m. hasta las 6:00a.m. Yo deseaba estar allí, le dije a mi mamá, vamos, siento que será algo muy especial.

Llegó el viernes por la noche, estaba con mucha expectativa y emoción, algo que nunca había sentido.

Comenzó la alabanza y luego la predicación, después el pastor invitó a un tiempo de oración personal. Él dijo: Tome el lugar que usted desee, y si quiere estar de rodillas o sentado como usted guste, pero hable con Dios.

Puso una música muy bella de adoración y apagaron las luces, solo dejaron una lámpara encendida, y todos estaban allí orando, solo podía oír el murmullo de cada persona allí en la oscuridad.

Mi familia se dispersó, y yo me fui a la parte de atrás de una columna del templo, y allí me arrodillé, por primera vez por cuenta propia, tenía tantos deseos de hablar con Jesús, instantáneamente comencé a llorar y le dije: ¿Dios Quién eres? ¿Puedo conocerte? ¿Dónde estás? Por favor no te escondas de mí. Me he portado muy mal, he cometido pecados, me rebelé contra ti, negué muchas veces tu existencia, mi corazón no está limpio, necesito que vengas a mí y me limpies de toda mi maldad, por favor escúchame, y seguía y seguía expresando lo que había en mi corazón.

¿Por favor puedes limpiarme? Pon un corazón limpio dentro de mí, rompe mi vida y hazla de nuevo. Háblame, enséñame, corrígeme, haz lo que tengas que hacer, pero por favor no me dejes igual.

¿Quién eres? Quiero conocerte; lloraba tanto, no me podía contener. Comencé a confesar mis pecados uno a uno, sentía que literalmente estaba desnuda frente a él, y no podía seguir ocultándole nada, porque por más que me esforzara,

¡EL LO SABíA TODO ACERCA DE Mí!

De repente alguien toco mi hombro y me dijo:

¿Es media noche tomaremos un receso para tomar un café, quieres venir? Yo le respondí:

No, gracias no tengo hambre, déjeme aquí, y se marchó, yo continué allí de rodillas y lloraba sin poder parar, y seguía diciendo: Jesús ven, ven, ven a mi vida, haz tu habitación en mí, cambia mi mal carácter, cambia mi manera de hablar, derrama perdón en mi vida, llena todos mis vacíos, venda todas mis heridas etc. Voltee a ver a mi alrededor, no había nadie, el templo estaba vacío, todos se habían ido a otro salón, los oía a lo lejos hablar y reír. Yo me atreví a hablar en voz alta y llamé a Jesús con todas mis fuerzas: Jesús, Jesús, lo llamaba.

¿Puedes venir? ¿Y sanarme y levantarme?

Recuerdo esta oración, como que fue ayer, nunca la olvidaré; porque ese día se marcó un antes y un después en mi vida.

Luego llegó el pastor a orar por mí, puso sus manos y oro con fervor, con entrega con amor y pasión, y se quedó allí conmigo por un momento y luego se fue.

A los minutos llegó un ujier y tocó mi hombro y me dijo:

Ya es hora de irnos, ya todos se fueron, y tus papás te esperan en la planta de abajo, yo levanté mi cabeza y lo vi con asombro y le dije:

¿Cómo? Y acabamos de comenzar a orar, el pastor dijo que estaríamos aquí hasta las 6:00 a.m.

El ujier sonrió y me dijo: Son las 6:30 a.m. has pasado toda la noche de rodillas orando, ya es hora, ya amaneció. Yo no lo podía creer, para mí había transcurrido una hora, estaba muy asombrada.

Ese día me rendí a Jesús y le entregué todo mi corazón, todo mi ser, toda mi alma, toda mi mente. Ese día conocí a Jesús, al amor de mi vida, su amor era tan real, literalmente sentía que caminaba sobre las nubes, ese día volví a nacer.

El ujier me ayudó a levantar, mis ojos estaban casi cerrados de tanto llorar, había estado de rodillas toda la noche, era increíble, antes no podía ni orar 10 minutos, y ahora no quería parar ni irme de aquel lugar.

Salí del templo y cuando vi al cielo, sentí como el oxígeno entraba a mis pulmones, aire limpio y fresco, era como si hubiera despertado de un mal sueño, ahora todo era hermoso, el cielo era una obra de arte, nunca había percibido su belleza, el aire era tan puro.

Había tenido un encuentro sobrenatural con Dios, ahora tenía la certeza que nunca más estaría sola.

La palabra del Señor dice:

Venid pronto, dice el Señor y estemos a cuentas: Si tus pecados fuesen como la grana, como la nieve serán emblanquecidos; Si fueran rojos como el carmesí, vendrán a ser como blanca lana.

Isaías 1:18

¡VEN A JESÚS, NO ESPERES MÁS!

CAPITULO 8
Aguas profundas

Un día estando en oración, le pedí al Señor, que se revelara a mi vida cada día más y más, realmente anhelaba conocerlo más de cerca. Tenía hambre por su presencia, sabía que mi mamá tenía una relación fuerte y estrecha con él, pero yo apenas comenzaba a despertar a su amor.

En ese entonces llegó a mis manos un hermoso libro cristiano, que despertó en mi corazón un fuego ardiente, que me llevó a descubrir todo lo que Dios tenía preparado para mí.

Recuerdo buscarle con intensidad por las noches, el vino a ocupar el primer lugar en mi vida, todos mis pensamientos giraban en torno a este ser sobrenatural al que apenas comenzaba a conocer. Por las noches lo llamaba y le decía: ¿Dios puedes venir aquí conmigo? ¿Puedes venir un momento y hablarme? Espíritu Santo no te conozco, yo quiero conocerte, por favor ven.

En ese entonces había conocido muchos cristianos promedio, que no vivían de acuerdo con la palabra de Dios, y al ser sincera, no tenía la intención de ser uno más de ellos.

Una noche mientras dormía, tuve un sueño, donde estaba en una iglesia, y alguien puso sus manos sobre mí, y yo lloraba con intensidad de repente, comencé a hablar en unas lenguas extrañas. Me desperté y seguía hablando en lenguas, no podía parar, las lágrimas se derramaban, literalmente me desperté llorando, y seguía hablando estas lenguas extrañas, y recordé el pentecostés del que ya había leído en el libro de los Hechos de los Apóstoles. Entendí que esto no era normal, era una visita sobrenatural, mi habitación estaba muy oscura, vi mi reloj, eran las 2:30 de la madrugada, y allí continuaba yo inmersa en esta experiencia maravillosa y sobrenatural.

De repente en medio de la oscuridad escuché un aleteo, algo pasó volando sobre mi cabeza, el interruptor de la luz estaba lejos de mí, así que decidí no pararme. Me quedé inmóvil tratando de comprender qué clase de animal se habría metido a mi dormitorio. Luego algo extraño sucedió, vi una hermosa paloma blanca que volaba en círculos y pasaba una y otra vez sobre mí.

Yo pensé esto no es real, este animalito, no puede estar aquí en mi habitación. ¿Qué es? La paloma seguía dando vueltas en mi habitación, oía tan claro su aleteo, era muy hermosa y blanca.

En medio de mi asombro, escuché una voz de hombre, que hasta el día de hoy no he podido olvidar. Era una voz dulce y gentil, pero al mismo tiempo fuerte y con autoridad, es muy difícil de describir con mis palabras.

Me dijo: Chiqui (Así solía llamarme en ese entonces mi familia), mírame soy yo, vine a ti porque me llamaste. Soy el Espíritu Santo, yo seguía inmóvil, paralizada y mi mente me decía: ¿Esto es real? Nunca había vivido tal experiencia.

Siguió diciéndome: He venido para llenarte de mi presencia y para que me conozcas más de cerca, yo deseo ser tu amigo. Yo no decía nada, permanecía en total silencio, y seguía mirando aquella paloma que continuaba revoloteando sobre mí.

Continúo hablándome, dijo: Hoy tengo una misión muy especial, El Padre me ha enviado a ti, porque vengo a cambiar tu nombre.

Yo pensé; ¿A cambiar mi nombre? Prosiguió hablando me dijo: Ya no te llamarás María Del Pilar, a partir de hoy tu nombre cambiará por... "AMADA" Porque así te conocemos en el cielo. Después no le escuché más, y la paloma desapareció, simplemente desapareció.

Me levanté, y aún sentía su presencia sobrecogedora, sentía como su amor destilaba sobre mí, aún seguía llorando bajo aquella presencia hermosa y sobrenatural, encendí la luz de mi habitación, me senté en mi cama y miré de nuevo mi reloj, eran las 4:00 a.m. Abrí mi Biblia e inmediatamente se abrió en la porción de Génesis capítulo 32, donde relata que Jacob contiende con el ángel de Jehová y él cambia su nombre de Jacob (engañador) por Israel (Príncipe de Dios). ¿Por qué mi Biblia se abrió en aquella escritura? ¿Por qué era importante para Dios cambiar mi nombre?

La historia de Jacob tenía similitudes con lo que me acababa de suceder, El Señor se le revela a Jacob en un sueño, él también había peleado con Dios, ¿será que Dios quería cambiar mi naturaleza? Yo lo cuestionaba todo, siempre fui y soy así, cuestiono todo, nunca doy nada por sentado, siempre busco llegar a mis propias conclusiones, no me gusta dejarme llevar por lo que dicen las personas, amigos etc. Siempre elijo buscar mis propias respuestas.

Estaba amaneciendo, y le dije a Dios si esto que pasó hoy aquí en mi habitación, fue real muéstramelo una vez más. Quiero saber que realmente sucedió.

El domingo, me fui a la iglesia, no le comenté esto a nadie, ni a mi familia, no quería que especularan, y me dijeran que estaba loca, fanatizada etc. Preferí guardármelo para mi sola. Ese domingo el pastor finalizó de predicar, hizo el llamado como siempre de pasar al altar, para que las personas recibieran oración, yo decidí pasar a orar al frente, yo quería más y más de él.

Muchas personas pasaron esa mañana a que oraran por ellas, cada uno oraba por sus propias peticiones, yo comencé a orar y le dije a Dios: Padre no te molestes conmigo, pero la verdad yo tengo muchas dudas, ¿por qué me pasan esas experiencias tan raras? ¿A todas las personas les pasa lo mismo? ¿Me podrías decir si lo que pasó en mi habitación aquella noche fue real, o quizás me lo imaginé? Seguía orando en silencio, solo en mi mente, de repente un ujier al que no le vi su rostro, puso sus manos sobre mí, yo creí que haría una larga oración sobre mí, como ellos siempre solían hacerlo, o me preguntaría por mi petición, porque también lo hacían con frecuencia, pero en lugar de eso, con una voz muy suave se acercó a mi oído y me dijo estas palabras:

Dice el Señor que te diga que tú eres "AMADA". Se fue, y no me dijo más.

Yo comencé a llorar, sabía sin lugar a duda, lo que había ocurrido en mi habitación aquella noche. Entendí en mi corazón, que Dios deseaba asegurarse que yo no tuviera ninguna duda de su Visitación.

En este tiempo estaba experimentando lo que muchos llamarían "Mi primer amor". Dios era todo para mí, él ocupaba el primer lugar, el segundo y el tercero. No había ni un minuto que él no estuviera involucrado en mis pensamientos. Era mi nueva forma de vivir.

En esa época mi hermano mayor me regalo un piano pequeño, el cual no sabía tocar, la economía de mis padres no era buena, no podía pagar clases de música. Así que adquirí libros y le dije al Señor: Enséñame a tocar, Enséñame a usar este instrumento. ¿Y qué crees? Así sucedió. En poco tiempo, ya estaba sacando mis primeras canciones.

Cierto día, estaba en mi habitación adorando al Señor con mi piano, había tal presencia, solo Dios y yo, no me había dado cuenta del tiempo, pero ya llevaba como cinco horas alabando y adorando en mi habitación, de repente mi mamá entro y empezó a profetizar sobre mí.

Ella fluía en muchos dones proféticos y de revelación, los que la conocieron pueden dar fe de esto.

Ella oró por mí, y me dio una palabra de parte del Señor, que ahora mismo no la recuerdo con exactitud.

Al terminar de orar me dijo, ven a cenar, ya es muy tarde, así que me fui con ella al comedor, y comenzamos a platicar, era casi media noche, al otro día seria sábado, por esa razón aún estábamos despiertas.

De repente mi mamá me dijo:

Que música más hermosa salía de tu habitación, mientras cantabas me dijo yo sentí la presencia de Dios fuertemente, por eso entré a tu habitación.

Cuando abrí la puerta me dijo sentí un fuego ardiente, había mucha presencia de Dios, había fuego en tu habitación, pero lo que más impactó mi corazón me dijo, fue ver al Espíritu Santo en forma de una hermosa paloma blanca, que reposaba sobre tu hombro derecho. Nunca se movió siempre estuvo allí contigo. Dios lo estaba haciendo, me llevaba de su mano a aguas cada vez más y más profundas.

Yo solo me dejaba llevar y sumergir en ellas. En el río de su Espíritu.

Un abismo llama a otro, a la voz de tus cascadas; Todas tus ondas y tus olas han pasado sobre mí.

Salmo 42:7

No hay nada más hermoso que conocer al Señor. Él desea estar siempre cerca de ti, solo necesitas llamarlo, ¡te aseguro que él acudirá pronto a tu encuentro!

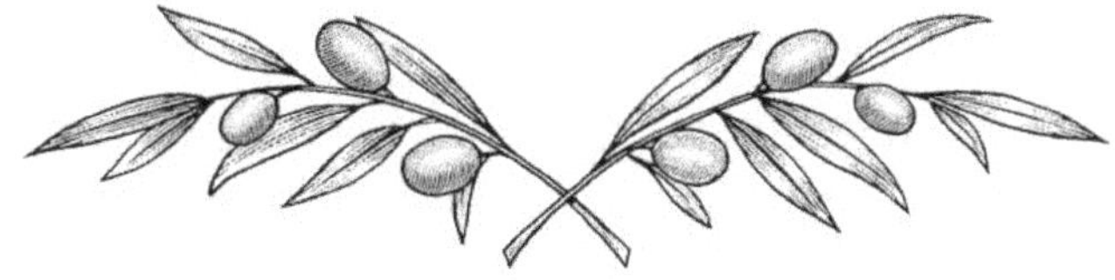

CAPITULO 9
La visita de un ángel

Una mañana de domingo llegaron dos mujeres gemelas a nuestra iglesia, era su primera vez en nuestra congregación. Lucían muy jóvenes, quizás en sus cuarenta años, y ese día el pastor les dio una calurosa bienvenida.

Recuerdo que eran muy cariñosas y amables, y observé que amaban al Señor, eran de pocas palabras, pero con un corazón muy afable.

Una de ellas, siempre era muy amable conmigo, (en ese tiempo yo ministraba la alabanza en nuestra iglesia). Ellas nunca faltaban a un servicio, siempre estaban allí. Estuvieron asistiendo quizás por 6 meses o un poco más, y de repente se ausentaron. Yo las extrañaba, porque eran muy agradables.

Un domingo mientras transcurría el servicio, las vi entrar, mi corazón se alegró de verlas nuevamente, ese domingo yo estaba a cargo de la alabanza, por esa razón fue fácil para mí verlas a la distancia.

Al finalizar el servicio me acerqué a saludarlas y al preguntarles por qué ya no las había visto. Una de ellas de nombre María me dijo:

Hoy es nuestro último domingo aquí, yo le dije: ¿No por qué? Si aquí las amamos mucho, y ella sonrió y me tomó de la mano y me dijo: Ven conmigo, quiero decirte algo, acompáñame a la parte de atrás donde están aquellas sillas.

Nos fuimos a la parte trasera del templo, y nos alejamos de las demás personas, y luego me dijo: Dios nos trajo aquí con una misión de corto tiempo, para traer una palabra al pastor, la cual ya se la dimos y la otra palabra es para ti.

La miré con asombro y le pregunté: ¿Para mí? sí, respondió, Dios nos trajo aquí por ti, para dejarte saber que Dios tiene planes para ti. Dentro de algunos años, Dios te sacará de tu país y te levantará con unción para predicar su palabra a las naciones, no será pronto, tienes que esperar un tiempo más, otras personas que tú no conoces vendrán a ti, y te darán esta misma palabra, para que no tengas duda que es Dios quien te está llamando. Sé fuerte y valiente y no tengas miedo, porque Dios no se fija en el exterior, sino en el corazón de las personas. Solo espera.

Me dio un fuerte abrazo y se despidió y añadió, nunca más me volverás a ver. Me quede triste porque le tenía mucho cariño.

Pasados algunos días, hablé con mi pastor y le pregunté por ellas, le pregunté si las había vuelto a ver, y él me respondió que no.

Le pregunté si sabía dónde ellas vivían, él me dijo que sí, me dio su teléfono y su dirección, y me contó que un día las había ido a recoger a su casa para llevarlas a la iglesia, porque su vehículo se había descompuesto, y que ese mismo día las había regresado a su casa.

Vi la dirección, y me di cuenta de que era algo cerca de la iglesia, y yo conocía muy bien ese sector, quedaba como 15 minutos de distancia en carro, así que me dirigí a aquella dirección.

Cuando me estacioné en aquel lugar había una casa muy grande y elegante de color blanco, toqué el timbre de aquella casa, y salió una anciana, la saludé y le pregunté por ellas, le dije que buscaba a las gemelas, en especial a María.

La anciana me respondió, no conozco a ninguna María y no sé de qué gemelas me hablas. Me extrañé mucho, yo le mostré el número de teléfono que llevaba y me dijo que no correspondía a ella.

¿Le pregunté con quién vive usted? Ella me dijo yo vivo con mi hijo varón, y nadie más. Le dije tiene una casa muy grande y hermosa, gracias me respondió, yo rento apartamentos aquí me dijo, entonces yo le dije, ¿no vivirán ellas en alguno de sus apartamentos?

Ella sonrió y me dijo: Jovencita los apartamentos por el momento están desocupados, porque los tengo en remodelación desde hace mucho tiempo.

Bueno regresé y hablé con el pastor y le conté lo sucedido y me dijo:

Sabes yo también las fui a buscar y las llamé muchas veces, pero nunca me respondieron y donde las fui a dejar una vez, me dijeron que allí no las conocen. Todo era muy extraño, pero sucedió como ella me lo había dicho, que nunca más la volvería a ver.

Comenté esto con mi mamá y con muchas personas cercanas, y la única explicación que encontramos era que habíamos recibido una visita del cielo. "Un ángel con una misión".

Todo lo que me dijo, se cumplió al pie de la letra. Dios es fiel y nos habla de una y mil maneras.

Mi oración es que tú al igual que yo también puedas experimentar una visita sobrenatural de parte de Dios y hable a tu corazón, y que no te quede ninguna duda que has estado con él.

Su palabra dice así:

¿No son todos espíritus ministradores, enviados para servicio a favor de los que serán herederos de salvación?

Hebreos 1:14

CAPITULO 10
Promesas del cielo

Deseo dedicar este capítulo a ti, si, a ti que has recibido promesas de parte de Dios, las cuales, se han retardado o lo que es peor aún piensas que no tendrán cumplimiento. En lo personal esperé por mucho tiempo para ver las promesas de Dios cumplirse en mi vida, por mucho tiempo Dios me dijo: Saldrás de tu país y te llevaré por muchos lugares, pero los años pasaban y pasaban, y no miraba que se cumplieran sus promesas. A continuación, leerás acerca de algunas promesas que Dios me dio, y del tiempo de la espera, y como Dios confirmó una y otra vez por diferentes personas y medios su palabra.

Yo estaba enamorada de Jesús, no entendía, ¿ por qué él me amaba?, no entendía ¿por qué me sucedían cosas "extrañas"? como profecías desde el altar para mí, etc.

Por mucho tiempo, cuando me disponía a leer mi Biblia, y buscaba pasar un tiempo con él, mi Biblia siempre se me habría en la misma escritura una y otra vez, lo cual era muy extraño, porque no usaba ningún separador en mi Biblia, simplemente se abría siempre allí, en esa misma porción.

Isaías capítulo 1…

Vino palabra de Jehová a mí, diciendo:

Antes que te formase en el vientre te conocí, y antes que nacieses te Santifiqué, te di por profeta a las naciones.

Y yo dije: ¡Ah! ¡Ah, Señor Jehová! He aquí, no sé hablar, porque soy niño.

Y me dijo Jehová: No digas: Soy un niño; porque a todo lo que te envié Iras tú, y dirás todo lo que te mande.

No temas delante de ellos, porque contigo estoy para librarte, dice Jehová.

Y extendió Jehová su mano y tocó mi boca, y me dijo Jehová:

He aquí, he puesto mis palabras en tu boca.

Mira que te he puesto en este día sobre naciones y sobre reinos, para arrancar y para destruir, para arruinar y para derribar, para edificar y para plantar.

Esta preciosa escritura del libro de Isaías me siguió por mucho tiempo, tenía 20 años, cuando Dios me la susurró al corazón, y me la dijo tantas veces como fuera posible.

Él quería asegurarse que yo no tuviera ninguna duda acerca del cumplimiento de esta escritura en mi vida.

Estudié por 3 años en una escuela ministerial, y al mismo tiempo salía a muchos lugares de Guatemala acompañando a misioneros, evangelistas y pastores, llevando la alabanza y la adoración. Fue un tiempo maravilloso de mucho aprendizaje y entrenamiento. Al mismo tiempo apoyaba a mi Iglesia local, trabajaba con el departamento de las damas, jóvenes y retiros espirituales de fin de semana, aparte de todo ello tenía mi trabajo secular, fue un tiempo muy intenso y demandante.

Muchas veces no tenía para mi gasolina, en ese tiempo tenía un carro muy viejito, que casi siempre me dejaba tirada, si no pinchaba una llanta, se calentaba el motor, y si no se le iban los frenos, en fin, me mantenía en intensa oración para que mi carro no se descompusiera.

En ese tiempo nada me detuvo para servir al Señor, siempre me mostré solícita a caminar la extra-milla.

Por las noches también trabajaba con un grupo de jóvenes, muchos de ellos venían de hogares desintegrados, muchos de ellos rechazados por la sociedad, la mayoría con problemas de alcoholismo, drogadicción, y también formaban parte de pandillas. Cada jueves les llevábamos la palabra de Dios, y teníamos un tiempo con ellos, mostrándoles el amor de Cristo.

Mis padres siempre estuvieron a mi lado, juntos hacíamos esta labor, era un ministerio familiar, mi hermana menor, también formaba parte de este equipo, mis pastores siempre animándonos a hacer la obra del Señor, fuera de las cuatro paredes de la iglesia, nuestra congregación, siempre se enfocó en hacer misiones, crecer en ese ambiente, me ayudó a desarrollar un amor muy especial por las almas, formó en mi empatía. En ese entonces no entendía lo que estaba sucediendo, pero el Señor nos llevó a aquel lugar, a parir los primeros hijos espirituales.

En ese tiempo, se reunían como 50 muchachos, con hambre de escuchar de Dios, con hambre de ser amados y aceptados, conocimos de cerca sus luchas, y lo difícil que era para ellos salir de ese ambiente.

En ese tiempo comprendí, porque Dios había permitido las luchas con las cuales yo me había enfrentado en mi pasado, porque muchos de ellos también tenían fuertes dudas acerca de Dios, porque sus padres les habían abandonado etc.

En ese tiempo comprendí el estrecho vínculo que existe entre el amor de los padres, y el amor que viene de Dios. Si no has sentido el amor de tus padres cerca de ti, es muy difícil comprender que Dios te ame, porque no existe esa relación. Si tus padres te abandonan, y me refiero a un abandono emocional, no siempre físico, ¿piensas cómo no me abandonará Dios?

Fue un tiempo de mucha enseñanza para mí, literalmente estaba entrando a un campo de batalla espiritual. Agradezco a Dios el haberme puesto mentores maravillosos, que me instruían con mucho amor, entre ellos mi amada madre.

Uno de ellos me regaló valiosas perlas, que hasta el día de hoy las guardo en mi corazón, como un valioso tesoro.

Él un día me dijo: Pilar, pídele a Dios que te dé un corazón enseñable, recuerda que Dios busca corazones humildes y sinceros.

A Dios no le impresiona lo mucho que pienses saber, a él le impresiona la disposición de tu corazón. El día que pienses que ya lo sabes todo, y que nadie más te puede enseñar, ese día dejas de ser efectiva y funcional para el cuerpo de Cristo.

Pasaron diez años, y las promesas de parte de Dios, continuaban llegando a mi vida de muchas maneras. Era un tiempo difícil para mí, me refiero económicamente, algunas veces no entendía porque tantos contratiempos, escasez etc. Es difícil cuando recibes tantas promesas, pero a tu alrededor todo te grita que no es posible, y que quizás Dios cambió de planes o de parecer.

Cierto día una querida amiga me llamó y me dijo: Mira hoy en la noche haré un servicio en mi casa, voy a celebrar mi cumpleaños, invité a algunos amigos más, y también invité a un profeta, un amigo que Dios usa mucho en esos dones, y me gustaría mucho que pudieras traer tu piano y nos ministraras unas alabanzas. Está bien le respondí, te veo en la noche.

Desde ese momento mi corazón se llenó de expectativa, sentía que algo especial Dios haría esa noche. Llegué a casa de mi amiga, y al entrar me presentaron al profeta, saludé a otros amigos y cenamos.

Luego mi amiga me dijo: comencemos, y bueno todos mis amigos se sentaron, y comencé a alabar y adorar al Señor con mi piano, la presencia del Señor se dejó sentir dulcemente. Y después le dejé el tiempo al invitado especial, al profeta que traía el mensaje.

El predicador se puso en pie, y comenzó a orar, mientras él oraba mi corazón se comenzó a acelerar, palpitaba fuertemente, era como si cada palabra que él mencionaba conectaba conmigo de alguna manera.

La gloria del Señor descendió, literalmente podía sentir como una brisa suave fluía de un lado al otro, abrí mis ojos para ver si habían abierto alguna puerta, pero no había nada abierto, era simplemente sobrenatural. El predicador se movía de un lado al otro caminando lentamente en medio de nosotros, cuando pasaba cerca de mí, sentía como si una llama de fuego lo acompañara, era algo muy extraño.

De repente puso sus manos sobre una persona y le dijo parte de su vida, yo me estremecí, porque sabía que lo que él le estaba diciendo a mi amigo era verdad. Nunca nadie había visto a este hombre antes ni él nos conocía a nosotros.

Siguió poniendo sus manos sobre cada uno de los que estaban allí, dándoles palabra departe de Dios. Yo observaba por momentos, no me quería perder ningún detalle.

Luego fijó sus ojos en mí, se vino caminando lentamente, con sus manos en alto, y las puso sobre mí, sentía sus manos calientes como si hubieran puesto carbones en mi cabeza, y me dijo:

Veo un avión, saldrás en pocas semanas y veo que ese avión no regresa. prepárate porque lobos rapaces te esperan allá, pero no temas, porque de sus mismas fauces te librará el Señor. Tus ojos espirituales serán abiertos y comenzarás a ver cosas que están ocultas a los ojos de los demás. Veo tu ropa (vestidura) es sacerdotal, puedo ver el borde de tu vestido, es un encaje de oro y tu vestido es de lino fino muy blanco y resplandeciente, pero por encima de ese vestido llevas una armadura de guerrero, tienes coraza y espada afilada y en tu mano llevas también un escudo de oro, y este escudo tiene tallado en el centro la cara de un león.

Yo no sabía lo que estaba sucediendo en aquella misma hora, pero de alguna manera podía ver tan claro lo que este hombre estaba describiendo.

La palabra que habló fue un poco escalofriante para mí, me decía para mis adentros. ¿A qué me enfrentaré? ¿Cuándo sucederá esto? Etc. Tenía muchas preguntas y todas sin respuestas.

Mientras escribo esta memoria, miro hacia el pasado, regreso a ese día, ya han pasado 20 años de aquella experiencia inolvidable y aún cierro mis ojos y puedo sentir de nuevo la presencia del Espíritu Santo.

Transcurrieron un par de semanas, era un viernes por la noche, estaba en mi iglesia en una vigilia, en el fondo de esta iglesia había un mapamundi gigante, y yo me fui a parar allí para orar, de repente escuché esa voz inconfundible para mí era Él, como no reconocerla; me dijo: Observa el Norte, porque pronto irás para allá.

¿Yo le pregunté a donde iré? Y él repitió al Norte, prepárate el tiempo llegó. Luego me senté en la parte de atrás del templo, mientras oraba me entró una llamada al celular, me di cuenta de que era un número desconocido de larga distancia, la contesté, ¿y me preguntaron hablo con Pilar? Si, le respondí ella habla. La persona me dijo: Te habla el pastor de la ciudad de Winterhaven California, nos gustaría hacerte una invitación, para estar con nosotros ministrando, ¿será que podrías venir?

¡Dios me lo acababa de decir en el mapamundi hacía unos minutos atrás que iría al Norte! Yo me quedé sorprendida por la rapidez de esa llamada, y le respondí: "Estoy lista para ir." Cuando Dios te dice lo que harás, ya no necesitas orar por su voluntad, porque sabes que es su perfecta voluntad.

El motivo por el cual escribo acerca de estos eventos es para animarte a seguir creyendo a las promesas que Dios te ha dado, no importando lo que se interponga, si Dios habló se cumplirá.

Es tiempo para activar tu fe, quiero que comprendas que hay un tiempo de promesas, un tiempo donde Dios alimentará una y otra vez tu fe, donde te llevará de la mano, y se asegurará que tu fe no falte, pero llegará un momento en que serás trasladado al siguiente nivel, y ese nivel se llama "CONQUISTA". Te hablaré de ello más adelante.

Faltando un mes para viajar a Winterhaven CA. Recibí una llamada de una pastora desconocida, haciéndome una invitación para un retiro espiritual de mujeres, que sería de 3 días, deseaba que las acompañará llevando la alabanza y la adoración.

Así que acepté su invitación, y llevé a mi hermana menor y a mi mamá conmigo, para disfrutar los últimos días que me quedaban en Guatemala.

El centro de retiros quedaba en las afueras de la capital, era un lugar muy hermoso, con bellas vistas que daban a un hermoso lago, la vista era estupenda. Bueno coloqué mi piano, mis bocinas, todo mi equipo de sonido etc. Cuando de música se refiere siempre eres la primera en llegar y la última en salir. Los que saben de música, saben a lo que me refiero.

Estaba feliz de estar allí, fuimos acogidas con mucho amor, el grupo de mujeres era como de 300, la pastora una americana muy elegante y con un liderazgo a toda máquina como yo suelo decir. No conocíamos a nadie allí, pero teníamos algo en común, todas amábamos al mismo Dios.

El sábado era el segundo día de retiro, comencé la alabanza, y había una fiesta literal una fiesta, todas cantaban con gozo y entusiasmo, otras danzaban, había un ambiente de poder. Al finalizar el tiempo de alabanza, le entregué el tiempo a la pastora, y ella anunció a una invitada especial que venía de visita desde Rusia, y que ella tenía el honor de cederle su tiempo para la palabra de Dios.

La invitada entró, era una mujer en sus 65 años por allí, extremadamente elegante, muy regia, bellísima físicamente, un poco extravagante, no tengo palabras para describir tan peculiar personalidad. Yo estaba sentada como en la cuarta fila con mi hermana y mi mamá.

Nunca había visto a esta mujer, después me enteré de que se llamaba Sharlett, comenzó a predicar, con poder y autoridad, su personalidad era magnética y enigmática, (una extraña combinación). Yo escuchaba con atención, aún continuaba mi hambre cada día más por Dios, todo el salón estaba en absoluto silencio, todas escuchaban con atención aquel mensaje.

De repente en medio de su mensaje levantó su mirada al cielo y dijo:

¡Chiqui! ¡Chiqui! ¡Chiqui! Al oír mi nombre el cuerpo se me erizó completamente, sentí que el pelo se me paró, los que me conocen de cerca, me refiero a mi entorno familiar y amigos cercanos, suelen llamarme así.

Ella preguntó: ¿Hay alguna Chiqui aquí? Yo no me moví, solo agaché mi cabeza, y de repente una mujer se levantó y dijo: Yo me llamo así, ella le dijo:

Ven aquí conmigo, la mujer camino al frente y se paró frente a ella, la predicadora iba a poner sus manos sobre ella, cuando de repente le dijo: Lo siento dice el Señor que no eres tú.

¿Hay otra Chiqui aquí? Mi mamá me dijo eres tú, yo le dije: Mamá no creo, hay muchísimas mujeres aquí, de nuevo una muchacha joven también se levantó y dijo: yo me llamo Chiqui, entonces ella la llamo también, la joven se dirigió a la predicadora, y de la misma manera le iba a imponer sus manos y estaba a punto de orar, cuando dijo en voz alta, No, ¡no eres tú tampoco!

La pastora que me había invitado a ministrar en aquel lugar me dijo Chiqui creo que es contigo, pasa al frente.

Tímidamente pasé, me puse frente a ella y le dije a mí me dicen Chiqui, pero ni había terminado de hablar y mi cuerpo comenzó a temblar como que era una gelatina, un calor como fuego bajo desde mi cabeza hasta la punta de mis pies y la predicadora comenzó a hablar en lengua angelicales, puso sus manos sobre mí, en ese momento sentí una descarga eléctrica, y me fui al suelo.

Sabes la gloria de Dios es tan pesada, que el cuerpo humano no la puede resistir, tu cuerpo se debilita, y te desvaneces, aunque no pierdes la conciencia, tu cuerpo simplemente se desploma como papel.

A lo lejos le escuché decir: ¿La mamá de esta muchacha está aquí?

Mi mamá salió de su silla y el profeta le habló y le dijo:

Prepárale las maletas (equipaje) porque se te va y no vuelve. Por muchos años Dios ha estado hablando esta palabra sobre su vida, pero ahora Dios dice: "El tiempo llegó y es pronto".

Yo reía en el suelo, me dio una risa que nunca había experimentado, la profeta no sabía que me faltaba un mes para salir a un viaje del cual yo pensé que sería solo por un mes.

Ella no lo sabía, pero el Espíritu Santo, mi amigo, mi maestro, mi guía, El sí lo sabía, ¡Él lo sabe todo!

Dos horas pasé tirada en el suelo de aquel salón, porque la gloria de Dios no se movía, estaba sobre mí, no podía pararme, una fuerza muy pesada me sujetaba al suelo, no tenía fuerzas en mi cuerpo, varias mujeres como 5, trataban de levantarme, y no podían.

Dios estaba allí, su gloria, su poder estaba allí, mi cuerpo pesaba demasiado, así que las mujeres al no poder levantarme se fueron, todas se fueron a almorzar, y me dejaron allí sola.

De repente me pude incorporar y me pude sentar, mi cabeza daba vueltas, y lloraba y hablaba en lenguas, era sobrenatural. Una vez más Dios me había hablado y confirmado que el tiempo ya era cumplido.

Daniel 10: 8-12

Quedé, pues, yo solo, y vi esta gran visión, y no quedó fuerza en mí,

Antes mi fuerza se cambió en desfallecimiento y no tuve vigor alguno.

Pero oí el sonido de sus palabras; y al oír el sonido de sus palabras, caí

Sobre mi rostro en un profundo sueño, con mi rostro en tierra.

Y he aquí una mano me tocó, e hizo que me pusiese sobre mis rodillas y sobre

Las palmas de mis manos y me dijo:

Daniel varón muy amado, está atento a las palabras que te hablaré,

Y ponte en pie; porque a ti he sido enviado ahora. Mientras hablaba esto conmigo, me puse en pie temblando.

Entonces me dijo: Daniel (Pilar) Pon tu nombre aquí_________________

No temas; porque desde el primer día que dispusiste tu corazón a entender

Y a humillarte en la presencia de tu Dios, fueron oídas tus palabras; y

A causa de tus palabras yo he venido.

Esta escritura es lo más parecido a aquella experiencia sobrenatural que viví en aquel lugar.

¿Estás listo? Es tu tiempo para experimentar algo nuevo y algo fresco departe de Dios.

¡Solo di Heme aquí Espíritu Santo!

¡PARA CAMINAR POR FE NO NECESITAS VER...!

CAPITULO 11
Un león en mi habitación

A lo largo de estos treinta años, he experimentado en muchas ocasiones eventos sobrenaturales y maravillosos, sin embargo, quiero ser muy puntual en el hecho de que no debemos basar nuestra fe en dichas experiencias, ya que la única fuente exacta que tenemos es la palabra de Dios, y en ella tenemos que estar fuertemente cimentados, para no ser llevados por cualquier viento de doctrina.

Es muy peligroso confiar en las experiencias sobrenaturales, es muy delicado, tenemos siempre que llevar tales experiencias a la luz de la palabra, y encontrar sustento allí.

Cuando tú meditas en las escrituras, encontrarás muchos sucesos que les acontecieron a varios hombres de Dios, los vivió el Apóstol Pablo, la visión del Apóstol Juan en la Isla de Patmos, El profeta Daniel, El profeta Ezequiel etc.

Cada uno de ellos vivieron en distintas épocas y experimentaron eventos muy preciosos y sobrenaturales.

Un ejemplo de ello lo vemos en 2 corintios Cap. 12, cuando el Apóstol Pablo, describe una experiencia que no sabe si le sucedió en visión, o fuera del cuerpo, allí menciona que fue llevado al tercer cielo, al paraíso y escucho cosas tan increíbles que no puede expresar con palabras, cosas que a ningún humano se le permite contar.

Tenemos muchas historias sobrenaturales y poderosas descritas en la palabra de Dios, pero ninguna supera la revelación de Cristo Jesús el Cordero que fue inmolado, que se ofreció así mismo en una cruz para reconciliarnos con el Padre, ¡esa sí que es la base de nuestra fe!

Bueno deseo continuar con mi relato, Se llegó el día de viajar a Winterhaven California, un hermoso lugar con campos de lechuga por todos lados, al llegar descubrí que era un área rural, con campos verdes. Traía dos maletas, una con mis objetos personales, y la otra con muchos sueños e ilusiones, por fin vería lo que Dios tendría para mí. Yo estaba feliz, había pasado de las promesas, por fin al cumplimiento.

Pensé que había alcanzado la meta, que había llegado a mi destino, lejos estaba de descubrir, que apenas comenzaba mi entrenamiento en el campo de batalla.

Mientras escribo acerca de esto, puedo imaginar muchos soldados, que están listos para ir a la guerra, ya han pasado por muchas clases de logística militar en salones con coroneles, se han entrenado dentro de sus destacamentos en sus bases militares, donde están rodeados de todos sus amigos, están en su zona de confort.

Sin embargo, llega el día en que son enviados a la guerra, muchos de ellos van emocionados, se han entrenado largo tiempo para ello. Estoy segura de que muchos de ellos desconocen de primera mano, lo cruel que puede ser estar en un frente real con su enemigo, no es igual a los simulacros que practican a diario, en sus bases militares.

Recuerdo con mucha emoción ese primer día, Los pastores Hunter, me recibieron con mucho amor en su casa pastoral, realmente era un ambiente cálido y me sentía en familia.

Al llegar de inmediato, me involucré, me puse al corriente conociendo a toda la congregación, todos con un amor muy especial hacia mí, y yo aprendí a amarlos también. Trabajé con ellos en muchas áreas alabanza, evangelización, con el departamento de las damas y jóvenes etc.

Dios fue bueno, colocándome allí, aún conservo todas esas bellas amistades que hice en aquel lugar.

Después de pasar seis meses en Winterhaven, regresé a Guatemala por dos años, y en el año 2003 volví a Winterhaven una vez más, sin saber que nunca más volvería a casa.

Ese tiempo para mí, fue un tiempo de entrenamiento en la oración, estaba en la iglesia todo el tiempo, pasaba largas horas en oración y ejercitándome en el área musical. Fue un tiempo en el que estaba en una búsqueda constante del Espíritu Santo.

De un momento a otro, mis ojos espirituales fueron abiertos, comencé a ver cosas que estaban veladas a los ojos de los demás.

Fue un tiempo difícil, porque no entendía lo que me ocurría, podía ver el corazón de las personas y lo que había en ellos, así que le pedía al Señor, que me dijera: ¿por qué razón me lo mostraba?, si él quería que lo dijera a las personas o que me quedara callada, solo para interceder en oración por ellos etc.

(Cuando estaba en Guatemala, muchas veces le pedí a Dios que me diera dones espirituales, ya que mi mamá abundaba en ellos, y yo también deseaba que Dios me confiara dones, para ser de más ayuda al cuerpo de Cristo).

Con los dones, también comencé a tener fuertes ataques del enemigo, eran tan reales y confrontativos, y Dios comenzó a hablar a mi corazón, y a mostrarme una dimensión desconocida y sobrenatural.

En ese tiempo admito que me sentí sola y con muchas dudas, no sabía cómo manejar aquello, en oración le pedía a Dios una y otra vez, muéstrate a mí, dime como usar estos dones.

Tenía 26 años, tenía mucha teoría, pero poca experiencia, no quería cometer errores, así que algunas veces busque el consejo de mis mentores. (Siempre he respetado y valorado mucho tener mentores y consejeros que velen por mí.) Y sobre todo depender plenamente del precioso Espíritu Santo, que es quien nos guía toda verdad.

Después de un tiempo no muy largo, me moví a otra ciudad, porque así lo sentí en mi corazón, que era el tiempo de moverme.

No fue una decisión fácil, porque amaba aquel lugar y a las personas y sobre todo a los pastores Hunter que amaba y aun amo como a mi propia familia.

Si hubiera sabido lo que me acontecería en aquella ciudad a donde iba, jamás me hubiera movido. En ese entonces me surgieron muchas ofertas de personas que querían que les ayudara en sus ministerios, y me ofrecían muchas cosas materiales, como salario, auto, apartamento etc. Y un día en oración por estas ofertas, Dios mando a unos de sus profetas diciéndome: Dios te trajo aquí para que le sirvas, no para que te enamores de los "verdes" (dólares).

Me moví para el estado de Texas, Yo no sabía que la pasaría muy mal, pero ahora entiendo que era parte del perfecto plan de Dios, para entrenarme en el campo de batalla. (Es fácil servir a Dios cuando todo va bien, es fácil hacer su obra cuando eres amado y tienes todo a tu alcance, es fácil cuando no vas cuesta arriba ni contra corriente.)

Así que me metí de lleno en esta nueva aventura, sabía que Dios iba conmigo, y eso para mí, era suficiente.

Llegué a Texas, a una pequeña congregación que pastoreaban unos conocidos de mi mamá. Ellos también me recibieron con mucho cariño, me reservaré sus nombres por motivo de privacidad para ellos.

Comencé a ayudarles en el ministerio, en el área de alabanza, y en la predicación de la palabra de Dios.

Antes de que todo esto sucediera, en mi país Guatemala, por un largo tiempo había tenido un sueño que se me repetía por las noches, era un sueño extraño el cual no comprendía, siempre me causaba temor cuando despertaba, era un sueño que siempre terminaba de la misma manera sin ninguna conclusión.

Y este sueño es el siguiente;

En mi sueño, entraba a un jardín de una casa, pero siempre que entraba allí era de noche, caminaba como en una especie de bosque, había árboles y pinos muy altos, y en medio de ese jardín, había una fuente de agua en el medio del terreno, pero la fuente lucia vieja, antigua descuidada y sin agua, y la fuente estaba labrada con figuras extrañas, que nunca había visto, era una fuente hecha de cemento, con su color original gris.

Luego de caminar por el jardín que era muy grande, me dirija a una casa que había en el fondo, era una casa de dos niveles y con muchos arcos y ventanales, algo así como las casas de la edad media.

Yo me dirigía siempre a una pequeña puerta y la tocaba, tocaba varias veces, hasta que alguien por fin me abría, pero en el preciso momento que me abría, me despertaba, y nunca lograba ver el rostro de la persona que me abría.

Al despertar, siempre tenía una mala sensación, como de temor o de suspenso, era un sueño un poco tenebroso. No sé cuántas veces tuve este sueño, pero lo tuve muchas veces y siempre desperté en ese exacto momento. Yo no sabía que este sueño, tendría lugar en esta nueva ciudad a la que me había mudado, estaba a punto de descubrir que este enigmático sueño se convertiría en realidad.

Al mes de estar en aquel lugar comenzaron a suceder cosas muy extrañas y mi corazón se comenzó a llenar de miedo, mucho miedo, no sabía cómo manejarlo, se me estaba escapando de las manos.

Lo que escribiré a continuación, lo hago con el único propósito de exponer las trampas de satanás, y poder traer a tu vida una palabra de liberación si has experimentado momentos de intensa persecución, donde has temido por tu vida, por tu seguridad y hasta por tu integridad, este tema es para ti.

El lugar donde vivía con esta familia pastoral era en un rancho, un lugar muy apartado, ellos tenían muchos acres de terreno, así que la comunicación con otras personas que no fueran ellos era nulos. Era un lugar muy solitario y despoblado.

El pastor tenía rifles en su casa, con su hijo mayor solían hacer tiros al blanco, como una distracción o deporte, nada fuera de lo normal, ellos hacían tiros al blanco colocando latas de soda en fila, y les disparaban derribándolas una a una, me invitaron a intentarlo una vez, lo cual me pareció muy interesante y divertido.

La esposa del pastor era una mujer muy especial, muy dulce de corazón, con una sensibilidad al Espíritu Santo. De inmediato le tomé mucho cariño, tenía mucho amor y compasión por las almas etc.

Un domingo por la mañana entró a la iglesia una mujer como en sus 60 años, nunca la había visto, entró y se sentó como en la segunda fila, yo estaba ministrando la alabanza. Desde el altar, podía verlo todo, el que adoraba al Señor, el que no lo hacía, observaba a los apáticos y aburridos, los inquietos que salen y entran del baño, los que se duermen etc.…

Si tú has sido parte del algún ministerio dentro de la iglesia, sabes perfectamente a lo que me refiero.

Esta mujer pidió oración por sanidad y los pastores pusieron sus manos sobre ella, y le ministraron. Había algo en esta extraña mujer que no me gustaba, esto era muy raro, porque yo suelo ser muy amable y no me gusta dejarme llevar por la primera impresión, simplemente no es parte de mi personalidad. Era una desconfianza a ella, que me hacía mantenerme lejos. Ella siempre insistía en ser amable conmigo, y aunque cruzaba una que otra palabra con ella, prefería mantenerme alejada, y evitarla todas las veces que pudiese.

Un domingo al finalizar el servicio, me pidió que la acompañara a su carro, con un poco de disgusto la acompañé.

Cuando llegamos a su auto, vi que era de lujo de último modelo, era un carro deportivo color blanco. Y me preguntó: ¿Te gusta mi auto?, si, le respondí está muy bonito. Luego me preguntó: ¿Cómo es que la sierva del Señor no tiene uno para movilizarse y tiene que andar a pie? Yo me sonreí, ella replicó: Si deseas yo te puedo sacar un carro de la agencia mañana mismo, para mí el dinero no es problema, me lo puedes pagar como tú puedas.

Ella no había terminado de hacerme este ofrecimiento, cuando yo escuché en mi oído: Todo esto te daré, si postrado me adoras. (Lucas 4: 1-13).

Entendí de inmediato que era la voz del Espíritu Santo alertándome de una trampa, el enemigo me estaba tentando, y yo debía ser muy firme, así que en mi mente comencé a clamar al Espíritu de Dios, y también a reprender al diablo y a ordenarle que huyera de mí.

Tratando de ser amable le dije: Le agradezco mucho, pero no necesito un carro, entonces ella me dijo:

Perdona, pero de repente no me sentí bien. ¿Me puedes ir a dejar a mi casa?, aquí están las llaves, no me siento muy bien para conducir. Así que me subí en su vehículo y la fui a dejar a su casa.

Debo de ser sincera el carro era hermoso por dentro, era de cuero, nunca en mi vida había tenido un buen carro, solo mi carro viejito que me dejaba tirada en todos lados, el cual se lo había dejado heredado a mi hermana menor.

Mientras conducía rumbo a su casa me dijo: Quédate con mi carro por algunos días, ya que yo no lo uso mucho, y cuando lo necesite te llamo, y siempre piensa en la oferta que te hice.

Se bajó y yo me quedé con el carro por 4 días, y lo devolví.

Una noche tuve un sueño muy extraño, tenía que ver con una persona que jugaba cartas de naipes y tenía una esfera de cristal. Pero en este sueño no miraba la cara, únicamente miraba sus brazos y sus manos, tenía muchos anillos, de muchos tamaños y colores, pero sobresalía uno en especial, un anillo con una piedra muy rara y grande. Mientras esta persona tiraba las cartas escuché una voz que me dijo: "Cartomancia, cartomancia". Y desperté.

¿Cartomancia? ¿Qué significa eso?

Nunca había oído tal palabra, recuerda que crecí en un hogar cristiano, donde no había contacto con cartas ni esferas de cristal, ni nada de eso.

Así que me puse a investigar, porque estaba intrigada por este sueño. Y mira lo que encontré:

Cartomancia: Nombre femenino. Procedimiento adivinatorio que consiste en predecir el futuro por medio de la interpretación de los naipes. ¡Oh! ¡Tremenda sorpresa! Me llevé al descubrir que esta definición, estaba totalmente relacionada con mi sueño. ¿Quién era esta persona? No vi su rostro, me fue oculto, comencé de inmediato a orar por esto.

En la escuela ministerial, no me habían enseñado como enfrentarme a esta clase de poderes ocultos. Así que fui a mi Biblia, y le pedí al Señor revelación, y encontré escrituras que trajeron luz en esta específica situación. (Hechos 16: 16-24 y Efesios 6: 10-18). ¡Ahora si había entrado al campo de batalla! Una de las primeras cosas que aprendí, fue que solo la oración me mantendría a salvo de mis enemigos, segundo, tenía que estar siempre vestida con toda la armadura de Dios, comencé a darme cuenta de que esta lucha se tornaba feroz, que literalmente peleaba con huestes de maldad que no podía ver, pero que estaban allí asechándome, y buscaban derribarme de cualquier manera.

En esos días, tuve un nuevo sueño. Soñé que estaba en un restaurante, y que la propietaria de este lugar era la misma señora que me había ofrecido sacarme un auto de agencia. En mi sueño, vi una charola (azafate) muy elegante y nosotros estábamos sentados en la mesa de este lugar esperando a que nos sirvieran. De repente alguien nos sirve una cabeza de cerdo recién cortada, aún tenía la sangre por todas partes y estaba cruda sin cocinar, yo sentí mucho asco y no quise comer sin embargo los pastores si lo hicieron.

Ni siquiera se incomodaron ni se sorprendieron, y comieron de aquel plato, era como si ni cuenta se hubieran dado de lo que les habían servido.

Nuevamente como en el primer sueño, solo vi los brazos de aquella persona que nos sirvió y vi sus manos coincidentemente los mismos anillos, pero su rostro no lo vi.

Desperté muy impresionada por este sueño, ¿qué significará?

Oraba al Señor que trajera revelación acerca de esto. En ese momento mientras oraba, la pastora toco a la puerta del dormitorio y me dijo: Pilar vamos a salir a comer fuera, prepárate vamos a desayunar.

Me levanté y salí con ellos a comer.

¿Qué crees?

Nos fuimos y estacionamos justo en la casa de la señora de mi sueño, la misma a la que yo no quería cerca.

¿Y les pregunté qué hacemos aquí? Ellos me dijeron: _Aquí es el restaurante, ella nos invitó a venir cuando quisiéramos, ella es dueña de este comedor, ¡oh! _¡De verdad que estaba muy impresionada!

Ella nos atendió, fue un anfitrión muy amable, nos sirvieron un desayuno delicioso, por supuesto que yo oré en mi mente y le pedí al Señor que quitara toda contaminación de nuestra comida.

Al terminar de comer, ella nos invitó a pasar un momento a su casa, que estaba en la parte posterior del restaurante. Los pastores consintieron, y la acompañamos.

Cuando salimos por la puerta trasera del restaurante, entramos a un jardín grandísimo, con grandes árboles y pinos, y en el centro de aquel terreno, había una fuente de cemento vacía.

¿A qué te recuerda esto? Yo comencé a ver por todos lados, y pensaba, ¿Qué es esto?

Yo, ya he estado aquí antes, ¿por qué me parece familiar este lugar? Mientras caminaba por ese gran terreno, me decía aquí conozco yo, ¿pero ¿cómo puede ser si nunca he estado aquí? Puse mucha atención a los diseños que tenía labrada la fuente, eras unas figuras raras, muy escalofriantes, pero no sabían que significaban.

Al llegar a la casa que quedaba atrás del terreno veo que al final había una pequeña puerta, y veo toda la parte frontal de la casa, y sabía porque sabía que yo, ya había estado allí antes. Cuando ella nos abre la puerta, recuerdo con claridad los sueños que, por muchos años, había tenido en mi país Guatemala. Era como si estuviera viviendo dos vidas paralelas la vida real y la del sueño, se traslapaban la una con la otra.

Ya lo había descubierto, había llegado al lugar, ¿pero por qué Dios me mostraría por varios años aquel lugar? Entramos al interior de su casa y nos enseñó su comedor, su cocina y su sala. Al llegar a la sala tenía un hermoso piano de cola de color negro brillante, hermosísimo, lo que cualquier músico desearía tener en la sala de su casa. Mis ojos se desviaron tras aquella belleza, ella lo noto y me dijo: ¿Te gusta este piano? _Sí, le dije, es bellísimo.

Tócalo me dijo, este piano era de mi esposo, él solía tocar alabanzas aquí, este piano es muy fino me dijo, le costó miles de dólares. En ese momento iba a sentarme a tocarlo, cuando escuché una voz de nuevo en mi oído que me dijo: ¡No te sientes en silla de escarnecedores!

Sentí una sensación muy fuerte dentro de mí que me detuvo, literalmente me detuvo, y ya no me quise sentar allí. ¡Ella insistió en que lo hiciera, pero me mantuve firme y le dije un rotundo ¡NO! En otra oportunidad. (Salmo 1: 1-2).

Al llegar a la casa, no les dije nada a los pastores, necesitaba encontrar la razón, porque yo estaba en aquel lugar. Así que me metí en una exhaustiva investigación, porque deseaba respuestas, había cosas que no las conocía del todo, y tenía que llegar al fondo de todo esto.

Comencé a estudiar acerca de la Cartomancia, brujería, sectas, simbología, etc. Muchas veces el pueblo de Dios perece por falta de conocimiento, tienen el poder de Dios, y su respaldo, pero como van a luchar contra los ataques del diablo, si no entiende contra que pelean.

Ese día me metí por largas horas a investigar, ¿qué significaba exactamente "silla de escarnecedores"? Por muchos años, por muchas décadas, se ha mal interpretado esta frase "Silla de escarnecedores". muchos lo han interpretado como que uno no debe sentarse en un coliseo o parque a ver un deporte, o ir al teatro, o al cine a ver una película, dando así una interpretación incorrecta acerca de este texto.

Un escarnecedor es aquel que se burla de una manera cruel, en cuyo corazón hay odio y homicidio, les gusta humillar. Siempre en sus corazones hay una motivación de destrucción, son inducidos por el poder satánico, para maldecir, envidiar, buscando lo suyo propio, son egoístas, defienden todo lo que tenga que ver con la injusticia, no sienten ningún tipo de dolor por el daño que puedan causar a otros, no sienten remordimiento, son duros, implacables impetuosos, soberbios hipócritas y en nada temen a Dios.

Salmo 5:9 dice así:

"Porque no hay sinceridad en lo que dicen; destrucción son sus entrañas, sepulcros abiertos es su garganta; con su lengua hablan lisonjas".

"Hacen planes astutos contra tu pueblo, y juntos conspiran contra tus protegidos".

Salmo 83; 3

También el Salmo 56:6, dice:

"Atacan, se esconden, espían mis pasos, como esperando para quitarme la vida".

Sabes desde el mismo momento que recibimos al Señor como nuestro Salvador y señor, la Palabra del Señor, nos enseña que pasamos de muerte a vida, de oscuridad a un reino de luz.

El enemigo buscará una y otra vez de hacernos volver bajo su dominio de esclavitud y usará todos los recursos disponibles para hacernos caer.

Es por ello por lo que necesitamos estar sumergidos en el Espíritu de Dios y estar completamente sometidos a él en obediencia y voluntad para poder hacer frente a todos estos ataques del maligno, y entender que no podemos hacerlo solos en nuestras propias fuerzas, necesitamos depender de Él todo el tiempo. *(Colosenses 1:13.).*

La palabra de Dios nos hace serias advertencias contra la adivinación y la brujería, quiero a través de este escrito, darte un poco de luz al respecto, siempre con base en las escrituras. Muchas personas suelen participar de sesiones de adivinación, o de hechicería, muchos en su ignorancia, acuden a chamanes, brujos, para que les hagan lecturas de cartas, les adivinen sobre su futuro, o en el peor de los casos les comuniquen con algún familiar muerto, o incluso les realicen encantamientos de sanación, de amor, etc.

Muchas veces este tipo de cosas al principio parecen ser inofensivas, como por ejemplo viajes trascendentales, meditación, juego de ouija, levitación, pero esta será una red, de la que muchos nunca podrán escapar, solamente si se acogen a Cristo Jesús por ayuda.

Levítico: 19-31 dice:

“No os volváis a los encantadores ni a los adivinos; no los consultéis, contaminándoos con ellos. Yo Jehová vuestro Dios.

En Levítico 20:6, dice: "La persona que atendiere a encantadores o adivinos, para prostituirse tras de ellos, yo pondré mi rostro contra tal persona, y la cortaré de entre su pueblo".

Levítico 20:27 dice:

El hombre o la mujer que evocaré espíritus de muertos o se entregaré a la adivinación, ha de morir; serán apedreados; su sangre será sobre ellos.

Deuteronomio 18:10-14 dice:

No sea hallado en ti quien haga pasar a su hijo o a su hija por el fuego, ni quien practique adivinación, ni agorero, ni sortílego, ni hechicero, ni encantador, ni adivino, ni mago, ni quien consulte a los muertos, porque es abominación para Jehová, cualquiera que hace estas cosas y por estas abominaciones Jehová tu Dios echa estas naciones de delante de ti. Perfecto serás delante de Jehová tu Dios.

EL ATAQUE HACIA Mí SE FUE INTENSIFICANDO:

Cierto día me levanté muy temprano, nadie se había levantado aún, entré a la cocina para preparar mi desayuno, el dormitorio donde dormía tenía su propio cuarto de baño, Así es que yo siempre salía lista, cambiada y arreglada, mi mamá me enseñó a comportarme en casa ajena, siempre he sido una mujer pudorosa.

Bueno entré a la cocina, y mientras estaba de espaldas preparando mi desayuno en la estufa, alguien me abrazó por detrás y me beso en el cuello, fue una sensación horrible, me di vuelta, había sido el pastor.

De inmediato me molesté mucho, no sabía cómo reaccionar, era algo que nunca había vivido. Me indigné, porque yo había llegado allí para ayudarles en su ministerio. Le hablé fuerte y le dije: "Aléjese de mí". Esto es completamente inapropiado e injusto para su esposa que aún duerme en su habitación. Quise darle un buen bofetón, pero no lo hice, estaba en su casa no en la mía. Él se disculpó diciéndome: Perdona solo fue un impulso, no volverá a suceder. Claro que no le creí, se sintió mal porque lo rechacé, si no lo hubiera rechazado, no sé verdaderamente donde hubiera acabado todo.

Dejé la cocina de inmediato, hasta el hambre se me fue, me fui a la habitación y me senté a llorar, estaba completamente decepcionada hablé con Dios, y le dije: ¿Para esto me llamaste? ¿Para esto me trajiste hasta aquí? ¿Para esto esperé tantos años? Le hice muchas preguntas, miles de pensamientos pasaban por mi mente, no sabía qué hacer, estaba confundida, asustada, no tenía dinero en ese momento para irme de aquel lugar, no conocía a nadie más en este lugar al menos a nadie de confianza, pensaba para mis adentros, ¿qué debo hacer? ¿Le debo decir a su esposa?

¿Debo callar? ¿Debo de olvidarlo y hacer de cuenta qué no pasó nada? ¿Y si estoy exagerando las cosas? ¿Y si las estoy subestimando? ¿Sabes, me sentía como la historia de José? ¿tú sabes esa historia verdad?

Sus hermanos lo vendieron, y llego a la casa de un hombre importante que lo puso a cargo de toda su casa, pero la esposa de este hombre lo acosaba, y el cuándo la rechazó ella lo acusó de ser un

acosador, José literalmente salió con sus ropas en las manos. Yo me sentía así, sentía que tenía mis ropas en mis manos, no mis ropas físicas, sino mis vestiduras espirituales habían sido ultrajadas.

Sentía mucha vergüenza, enojo, y culpabilidad, pero al mismo tiempo me repetía a mí misma.

¿Por qué culpabilidad? Si yo no había hecho nada malo.

Definitivamente mi conducta cambio, ya no podía ser la misma, no sabía que todo esto era una estrategia del enemigo, porque cuando estamos enojados o con faltas de perdón en el corazón, abrimos puertas anchas, amplias, para que el enemigo nos aprisione, y no podamos hacerles frente a los ataques que él nos envía.

Entré en oración, necesitaba que Dios me hablara y me guiara a hacer lo correcto. Después de derramar mi corazón delante del Señor, Salí de la habitación como al medio día, al salir noté que él no estaba en la casa, solo la esposa, la salud de ella en ese momento no estaba bien, ese día descubrí que tomaba tranquilizantes para poder dormir y analgésicos para el dolor de sus piernas, ella misma me lo dijo.

Me sentía muy incómoda, deseaba decirle lo que me había sucedido, ella era la única que podía ayudarme, pero al mismo tiempo era su esposa, por amor a ella y a sus hijos que eran muy especiales conmigo, decidí callar.

Ese día marco un antes y un después en mi vida me sentía defraudada por todo lo que yo creía que era santo y puro, sentía en mi corazón que todo lo que estaba viviendo era una mentira, sin saberlo el enemigo comenzó a mostrarme muchos espejismos, me decía: Dios te abandonó, no tienes protección, ¿si Dios te ama, por qué permitió que esto te sucediera? Debes regresarte a tu país, Dios no te llamó etc.

Allí conocí lo que era ayunar, no ayunar porque el pastor te lo imponga, sino porque estas en una lucha intensa que sabes que no puedes ganar, a menos que Dios la gane por ti.

Comencé a temer por mi seguridad, porque los hijos de ellos no dormían en casa los fines de semana, se iban con sus primos y amigos, y yo no era parte de su círculo. El acoso era continuo con miradas, cuando la esposa no estaba prestando atención, me guiñaba el ojo etc. Así que pasaba en el templo la mayor parte del tiempo o encerrada en la habitación.

Comencé a ahorrar dinero, no quise llamar a mis padres para ponerlos sobre aviso, porque no quería preocuparlos, la salud de mi mamá tampoco había estado muy bien, así que consideré que era mejor mantener esto en secreto entre Dios y yo.

Un día mientras derramaba mi corazón de rodillas en el templo, recibí una llamada de una amiga que iba de viaje, y cuando recibí su llamada, me sorprendió, porque no teníamos una amistad estrecha, y teníamos más de un año sin hablar, ella me pregunto: ¿estás bien? ¿Si le dije por qué? Me respondió, iba en el avión, cuando te vi en una esquina de un templo y llorabas con gran aflicción, me preocupé por ti dice el Señor así:

Yo te llamé y te voy a sacar adelante, no dudes de mí, confía, confía y pelea, yo te protegeré. Terminó de darme esta palabra y me dijo: Cuídate mucho y colgó.

Al día siguiente de esta palabra, regresé al templo y oraba de nuevo, mientras oraba entró la pastora y se arrodilló a mi lado, me abrazó con lágrimas en sus ojos y me preguntó:

¿Estás bien? ¿Te está pasando algo?

Al levantar la mirada, vi en sus ojos mucha tristeza y dolor, creo que ella sospechaba algo, pero me imagino que al igual que yo no sabía que hacer o cómo manejarlo, y yo no sabía si ella estaba lista para afrontarlo.

Yo sonreí y le dije: "Todo está bien", creo que me voy a marchar pronto.

¿Irte? ¿A dónde? ¿Por qué?

Mi tiempo aquí terminó, me tengo que ir lo más pronto posible le dije. Luego su mirada cambió y me confrontó.

¿Mi esposo tiene que ver con tu decisión?

No podía ocultarlo más, le dije que; Sí.

Ella me abrazó fuerte, y me dijo yo te quiero mucho, seguro que todo se puede arreglar, todo tiene solución me dijo. Hablaré con él esta noche, tengo que saber lo que está sucediendo me dijo y salió del templo.

Ese fin de semana los hijos se fueron, eso significaba que dos noches no estarían en casa, yo compartía habitación con su hija mayor, una muchacha muy especial y dulce en sus 20 años.

En la noche llegaron los dos a la habitación, la pastora no era la misma que me había hablado en el templo, estaba llena de ira, muy enojada, me gritó, me hacía muchas preguntas, queriendo indagar más, por momentos la comprendí era totalmente comprensible su actitud, mientras ella hablaba yo oraba en el espíritu dentro de mí. De repente me dijo:

Dice mi esposo que eres tú quien lo buscas a él, y quiero que me expliques esta situación. Me llevaron a la sala, literal me sentía en el banquillo de los acusados, no sé en qué momento pasé de ser la víctima a ser culpable.

Esta era la historia de José (Génesis 39: 7-20) al no dejarme seducir pase a ser la acosadora.

El diablo no juega a destruirte, él realmente nos odia y nos asecha para matarnos la fe, para sacarnos del camino, hasta vernos acabados y en el suelo, fue horrible esta situación, no encuentro las palabras que describan este episodio. Solo sé que era injusto, pero que no estaba sola, Dios había prometido estar conmigo en este pozo de desesperación.

No hay cosa más horrible cuando tu palabra queda en entredicho, yo lo viví y no se lo deseo a nadie.

Yo tomé valor, porque literalmente sentía como depredadores crujían sus dientes para devorarme. Levanté mi voz y les dije: Yo vine aquí a servir al Señor y a ustedes, no vine a causar problemas, ella insistía en que le dijera la verdad, respirando hondo decidí hablar y explicarle como habían sucedido las cosas, para que no se imaginara cosas peores. le dije:

Pastora tranquila, su esposo una mañana mientras yo preparaba mi desayuno me beso en el cuello, yo lo enfrenté y eso fue todo, yo me siento muy mal, muy incómoda, y esa es la razón por la que me quiero ir.

Ella lo miró fijamente y le dijo; ¿qué tienes que decir a esto? Él, lo negó todo dijo que yo lo estaba inventando, y la gota que derramo el vaso de agua no solamente fue la mentira, sino que se atrevió a decir que lo juraba delante de Dios, que nada de eso había ocurrido. Ese día sentía sobre mi cabeza una nube de opresión infernal, esto era una burla un mal chiste, ya no sabía ni como llamarlo.

Ese día para mí la palabra de un pastor perdió credibilidad, no entendía como un "Líder espiritual", podía ser tan mentiroso y sínico, como era que podía pararse a predicar en un altar la palabra de Dios y al mismo tiempo tratar de seducir a una jovencita y más aún jurar en vano el nombre de Dios.

Mientras ellos seguían discutiendo enfrente de mí, Dios me habló al corazón, allí sentada en el sofá en medio de esa gran discusión, me dijo recuerda, y me mostró de nuevo el azafate con la cabeza de cerdo recién cortada y cruda.

Y me dijo: Esto es lo que está pasando entiende, hay inmundicia aquí; no tengas miedo yo te libraré.

Yo me levanté de allí, les dije no se preocupen yo me voy pronto de aquí, haré unas llamadas, pronto les dejo saber cuándo me marcho.

Me fui a la habitación temblando, fue horrible estar en medio de los dos, de verdad les digo no hay instituto teológico que te capacite para enfrentar este tipo de situaciones.

Entré a la habitación y me arrodillé y comencé a orar, todos los sueños comenzaban a cobrar sentido para mí, sentía un miedo horrible los hijos no dormirían allí, la esposa tomaba medicina para dormir, el miedo se apoderó de mí, la puerta de mi habitación no tenía llave, temía que él se metiera por la noche y tratara de hacerme algo, ya me había dado cuenta de que era capaz de muchas cosas, y lo que era peor tenía armas en su casa,

Así que decidí mantenerme alerta aquella noche y no dormir, encendí una lámpara en la mesa de noche y moví un pesado mueble para atrancar la puerta, para que nadie pudiera entrar. Allí me arrodillé, recuerdo claramente que abracé mi Biblia, y le dije al Señor: ¿No entiendo por qué está pasando todo esto?

Era un desafío mantenerme despierta, pero tenía tanto temor que él llegara durante la noche.

Recuerdo ver el reloj, era pasada la media noche, yo continuaba en oración allí de rodillas, pidiendo por protección al Espíritu Santo, oraba en silencio para no ser escuchada por ellos.

Cuando de repente Vi entrar a un "León" por la puerta de la habitación, lo vi traspasar la puerta y el mueble que yo había colocado, Si leíste bien un "León". ¡Allí sí que me asusté!, era un león grande, robusto y muy fuerte. Con una frondosa melena, y de inmediato pensé en esa escritura que dice: el diablo anda como león rugiente viendo a quien devorar... (1 pedro 5; 8).

De inmediato escuché su voz de nuevo esa voz que había escuchado mucho tiempo atrás, esa dulce y gentil voz, pero firme y con autoridad y me dijo: "No temas", mírame bien... Yo soy el que soy el verdadero León de Dios, he venido para rugir en contra de tus enemigos y para protegerte. Yo soy el León de la tribu de Judá. ¡No temas!

Y vi al león su rostro, sus ojos eran dulces y amorosos, aunque su tamaño era intimidante, dio como tres vueltas a mi alrededor y se acostó en la entrada de la puerta.

Esto era completamente fascinante e irreal para mí. El León parecía dormir con mucha paz, estaba como a dos metros de distancia de mí, se quedó allí toda la noche, mientras yo continuaba en oración.

Mientras era testigo de esta visión celestial, Dios continúo hablándome y me recordó la palabra que él me había dado tres años atrás, cuando el profeta en Guatemala, me había dicho que vestía un traje sacerdotal, pero que sobre mi vestido portaba una armadura de guerrero con coraza, espada y escudo, y que mi escudo tenía labrada la cara de un León.

El Señor me decía: Entiende, entiende "YO SOY TU ESCUDO", Yo te protejo no estás sola, recuerda que ya te lo había advertido, que estarías en medio de lobos rapaces, pero que de sus mismas fauces te libraría. (Cuando escribo esto quiero que comprenda que cuando digo "Lobos rapaces", no me estoy refiriendo a las personas, sino a entidades de maldad en las regiones celestes, a principados, a demonios etc.).

Derramando mi alma, le pedí perdón al Señor, porque sí, era cierto él ya me lo había dicho, peo yo lo había olvidado.

De repente la luz del sol comenzó a entrar por la ventana, la noche se había marchado, había pasado toda la noche con el Rey de reyes y Señor de señores. Toda la noche conversé con él.

El León se paró y traspasó el mueble y la puerta y desapareció a la luz del sol, frente a mis ojos, se fue, no lo vi más ni le he vuelto a ver, aunque ahora no necesito verlo, porque sé que todo el tiempo va conmigo a donde quiera que vaya. Todos mis miedos se habían ido también, y agradecía a Dios por un nuevo día.

Yo no lo sabía, pero había entrado a la escuela de Dios, había entrado a clases intensivas de guerra espiritual, comenzaba a conocer las estrategias del enemigo, pero yo también estaba descubriendo que disponía de un arsenal a mi favor.

Quiero que comprendas querido amigo, que lo sobrenatural que no vemos es más real que lo natural que vemos. Ese día aprendí, lo que dice la palabra, que son más los que están de mi lado, que los que están en mi contra.

¡DIOS NO TE LLEVA AL CAMPO DE BATALLA PARA DEJARTE MORIR ALLÍ!

Si no para capacitarte y enseñarte a pelear, no en el mundo físico, no con las personas, sino en el mundo espiritual con huestes de maldad en las regiones celestes, con demonios reales, con principados y hombres fuertes.

Recuerda que nuestras armas no son carnales sino poderosas en Dios para la destrucción de fortalezas. (2 Corintios 10: 4).

Ese día descubrí cuanto me odia el diablo, y que realmente quiere matarnos y destruirnos y deshacer la obra de Dios en nuestras vidas. Sin embargo, cuando tú vives para Dios y le honras y le obedeces, su protección divina, su vallado estará protegiéndote siempre.

Antes de irme de esta casa, hablé con la pastora, le expliqué, todos los ataques que habíamos experimentado, y la razón por la cual habíamos sido envueltos en esta trampa sucia del enemigo.

El diablo no quería que yo siguiera investigando, porque él es sucio, le gusta trabajar en encubierto, le dije a la pastora de mis sueños constantes, y lo que Dios me había estado hablando, creo que ella si lo podía ver, pero no podía luchar.

Eran ellos los que necesitaban pararse con humildad frente a Dios y pedirle que los restaurara.

Tiempo después me enteré por su misma hija, que su papá había caído en un adulterio dos años antes de mi llegada a su casa. Entendí que había espíritus de lujuria, de infidelidad y de adulterio que venían de mucho tiempo atrás, que, de alguna manera, me querían alcanzar y derribar a mí, pero Dios me protegió.

¡Si, el León rugió por mi Aleluya!

Querido amigo, si tú has enfrentado persecución en el área sexual, llámese, pornografía, fornicación, adulterio, violación, incesto, fantasías sexuales etc.

Dios está listo para sanarte, si tú estás arrepentido de todo corazón, pídele que te libere de todos estos espíritus, te aseguro que él lo hará.

Si has tenido contacto con lectura de las cartas, de las manos, si has consultado brujos, hechiceros, magos, médiums, chamanes, todo tipo de ritual de santería, de ouija o adoración a la muerte, hoy es tu día para arrepentirte, y humillarte bajo la poderosa mano de Dios, porque hay una dura sentencia para quienes lo practican.

Si Dios me permitió pasar por todo esto, no es para callar mi boca, sino para traer sanidad a tu alma, y para quitar todo tabú que no nos permite hablar libremente de todos estos temas. Hoy es tu día, huye de esa trampa, solo Dios puede librarte.

Ahora deseo llegar a tu corazón querido lector, tú que has pasado por abuso sexual de personas que están en autoridad, llámese padres, abuelos, tíos, hermanos, primos, Sacerdotes, Curas y Pastores etc. Quiero decirte una de las áreas más vulnerables del ser humano es el área sexual, porque es nuestra área más sagrada e íntima. Dios quiere sanarte de cualquier trauma, de cualquier falta de perdón, de todo recuerdo del pasado, traerte a una nueva vida en Cristo Jesús. Sabes no es casualidad que estés leyendo este libro, Hoy Dios te quiere sanar completamente. Dios me permitió a través de este libro contarte una experiencia personal, para que el día de hoy pueda llegar hasta ti.

Recibe el perdón de Dios, sí fuiste el causante de una situación de dolor para alguien más recibe sanidad si, fuiste víctima de este terrible mal en medio de nuestra sociedad, déjame decirte que Dios te ama, te ama demasiado, ven a él, Él tiene sus brazos abiertos para ti, no lo rechaces más.

Abandona el miedo, la vergüenza, desecha la decepción, deja la ira el enojo, la angustia, si has caído en depresión y ansiedad, Dios está aquí hoy para sanarte completamente, si tan solo se lo permites. Un episodio de tu vida no determina el fin de tu historia, puedes salir victorioso de esta situación, si caminas de la mano de Dios, si permites que sea el quien te defienda.

¡PERMITE QUE EL LEÓN RUJA POR TI!

Para terminar este capítulo, descubrí acerca de la simbología que tenía la fuente en el jardín de la señora del restaurante. Descubrí que eran gárgolas, nunca había visto una, hasta que lo investigué, descubrí el significado diabólico de ellas. Me despedí de la pastora y me marché. Cuando pasé al restaurante para despedirme de una amiga allí, salió la dueña, la señora que me había ofrecido el carro nuevo, cuando me dio la mano para despedirme, vi sus manos, ese día llevaba puesto el anillo que Dios me mostraba en los sueños de la cabeza del cerdo en el azafate, y el sueño de la cartomancia. Dios me mostró el rostro era ella la adivina, Sí, un lobo que se vestía con piel de oveja.

Doy gracias a Dios por su revelación, por su discernimiento y sobre todo por el cuidado que tuvo conmigo durante todo este proceso.

Porque nada hay oculto, que no haya de ser manifestado; ni escondido que no haya de ser conocido y de salir a la luz.

Lucas 8: 17

CAPITULO 12
Cordón Umbilical

Mientras escribo este capítulo sonrío, comprobando la fidelidad de Dios. Que hermoso es hablar con Dios, y abrirle el corazón, pero mucho más bello, es cuando Dios te habla y te abre su corazón, porque entonces no estás en un monólogo, sino que se convierte en una conversación.

Su palabra dice que él se da a conocer a aquellos que le aman, a aquellos que le buscan, con un corazón sincero, y a ellos les muestra su favor y su misericordia. (*Proverbios 3:4).*

¡CONOCER A DIOS, ES LO MEJOR QUE ME HA PASADO EN LA VIDA!

Cuanto más cerca estas de él, más se afinará tu oído para escucharle, aunque habrá veces que no querrás escuchar lo que él tiene que decirte.

Era un hermoso día de verano del 2016, el cielo estaba completamente despejado, y el sol brillaba en todo su esplendor.

Yo iba por mi vecindario en mi vehículo, regresaba de la escuela de mis hijos, cuando de pronto escuché su voz que habló a mi corazón y me dijo: Pilar prepárate, porque pronto me llevo a tu mamá.

Yo frené mi auto y me detuve a la orilla de la carretera, cerré mis ojos, tratando de quitar toda distracción, para escuchar con más atención, y la voz me volvió a decir: “prepárate el tiempo está cerca”.

Yo dije: No, no, no puede ser, esta no es tu voz.

Respiré hondo e ignoré esa voz, seguí conduciendo y traté de olvidar, simplemente olvidar.

Durante todo ese mes, Dios me habló una y otra vez, diciéndome prepárate, prepárate, yo continuaba en negación. Por los últimos ocho años, mi mamá había estado en constantes tratamientos médicos, sin embargo, siempre se recuperaba y se volvía a fortalecer.

Por los últimos años, Dios me regaló una maravillosa relación con ella. Mi madre era mi mentor, una mujer llena del amor, gracia y sobre todo una mujer con mucha sabiduría departe de Dios y llena del Espíritu Santo.

En todo el tiempo de su enfermedad, nunca la escuché quejarse, ni poner ningún despropósito a Dios, su fe era fuerte e inquebrantable. Ella era de estatura pequeña, pero siempre confundía al diablo, porque Dios la disfrazó de fragilidad, pero en realidad era un roble muy fuerte.

Sé que ella luchó, luchó con todas sus fuerzas, nunca se rindió, esa palabra no existía en su vocabulario. En mi memoria está el recuerdo de muchas madrugadas, cuando ella llegaba a la orilla de mi cama y me decía:

¿Podemos orar juntas?, no me importaba la hora que fuera, siempre me levanté, e imponía mis manos sobre ella y clamábamos juntas a Dios. Cada día su vigor se iba desvaneciendo, como la neblina de la mañana.

Éramos madre e hija, pero sobre todo éramos las mejores amigas del mundo, Dios había restaurado completamente nuestra relación, y el amor que había entre nosotras era muy fuerte.

Algo que nos unía era el hecho que cada vez que yo cumplía años, mi madre también cumplía, porque el día que nací, ella se entregó a Jesús en la cama de aquel hospital en Guatemala.

Dios le permitió ver mi nuevo nacimiento en Cristo, como mi crecimiento espiritual, le agradezco a mi mamá, el no haberse rendido conmigo, siempre vio en mí "A la sierva del Señor". Sus palabras aún resuenan en mi interior cuando me decía: Voy a verte servir al Señor, mis ojos no se cerrarán hasta que te vea entregada completamente a su servicio, y así sucedió.

Un día me llamó por teléfono, ella estaba en su casa, y me dijo: Me urge tener una conversación contigo, ¿Puedo llegar a tu casa hoy? Si le respondí, te espero.

Las imágenes de aquel día se repiten una y otra vez en mi memoria, mi mamá era una mujer que dejaba huella donde pasaba y mi corazón no fue la excepción.

Esa tarde llegó y me dijo: Acompáñame a la habitación de Victoria, Victoria es el nombre de mi hija mayor, al caminar hacia la habitación, note una actitud diferente en ella, entramos a aquel dormitorio y cerró la puerta.

Siéntate me dijo te voy a hablar. Yo le miré fijamente, esta visita no era la de siempre, había algo que no me estaba gustando para nada. De repente con voz fuerte y firme me dijo:

Llegó el momento de cortar el cordón umbilical entre nosotras, yo me quedé en silencio, no entendía a que se refería con eso, luego se puso frente a mí y oró: Señor Jesús hoy corto el cordón umbilical que me une a mi hija, paso la estafeta para que ella continúe la carrera, pon tu unción sobre ella y dale fuerza para lo que viene, para que su fe no falte.

Después de haber orado en un acto de fe, cortó el cordón umbilical, por supuesto, hablo de un cordón umbilical emocional no físico. Me abrazó y comenzamos a llorar, fue un momento en que lo único que deseaba es que el reloj se detuviera eternamente.

En mayo del 2016, mi mamá partió a Ciudad de Guatemala bastante afectada de su salud, para ver otros médicos, la despedí en el aeropuerto, la vi marcharse, ella no me volteó a ver, no le gustaban las despedidas, esa fue la última vez que la vi con vida.

Al llegar allá, en un periodo de 2 meses, se había recuperado milagrosamente, aunque no del todo, pero estaba mucho mejor, y seguía predicando en la radio, y donde fuera que la invitaran.

Su pasión por el Señor era increíble, lo amaba tanto, siempre estuvo allí para el huérfano, para viuda y los enfermos.

El 17 de enero del 2017 partió a la presencia del Señor, dejando un gran legado espiritual a mis hermanos y a sus nietos, no nos dejó dinero que perece, nos dejó lo mejor de lo mejor, a "Jesús, nuestra salvación y la vida eterna. Ella se aseguró de enseñarnos el camino de vuelta a casa.

Canté en su funeral, las canciones que ella más amaba, y les hablé de Cristo ese día a los tres hombres que la sepultaron, dos de ellos se entregaron a Cristo Jesús. No sé si ella podía verme, pero si es que lo hizo, sé que estaba con una gran sonrisa, que esos hombres conocieran al Señor el día de su funeral, ella amaba ganar almas para el Señor. En la tierra llorábamos su partida, pero había fiesta en los cielos. Una heroína de la fe por fin había llegado a casa.

Deseo ministrar tu vida, si has pasado por alguna perdida de seres queridos, yo entiendo lo fuerte que suele ser, puedo entender del enorme vacío que se siente el corazón, muchas heridas quedan en nuestra alma, y piensas que nunca más volverás a sonreír.

En lo personal los primeros meses experimenté un gran sentimiento de orfandad, muy profundo, me quedé con muchos sentimientos de culpabilidad, porque ella me hizo muchas llamadas que no respondí, porque estaba ocupada. Sé que la cuide, y estuve siempre allí cuando ella más me necesitó, sin embargo, te quedas con esos pensamientos, ¿Si hubiera podido hacer más?

Luego al conocer el proceso de luto, me di cuenta de que es normal hacerte muchas preguntas es normal sentirse culpable etc.

Todos pasamos por estos momentos de angustia y dolor, pasamos de la negación, a la aceptación y luego a la resignación, todo parte de la vida, unos lo pasan más rápido, otros más lento, y hay otros que nunca lo alcanzan a superar.

La vida sigue su curso, y comprendes que la vida en realidad es un hermoso regalo que tienes que disfrutarlo hoy. Yo aprendí a través de este valle, a vivir un día a la vez.

Quiero decirte, que tu pasado, no determina tu futuro, que lo que ya se fue, no lo puedes retener más, es como agua que se escapa entre tus manos, debes soltarlo y dejarlo ir.

Valora lo que tienes hoy, no pierdas el tiempo con resentimientos, rencores, enojos ni falta de perdón, no desperdicies ni un segundo en ello, porque cuando desperdicias el tiempo con estas actitudes sin sentido, después lo querrás recuperar, pero será demasiado tarde.

La palabra del Señor dice:

Olvidando ciertamente lo que queda atrás y extendiéndome a lo que esta adelante, prosigo a la meta.

Filipenses 3:13

Olvida los malos recuerdos, enfócate en lo que tienes por delante, olvida las imágenes que te perturban, no te recrimines más, no seas severo y cruel contigo mismo, mira hacia adelante.

¡RECIBE EL ABRAZO DE TU PADRE CELESTIAL HOY!

Ciertamente volverán los redimidos de Jehová, volverán a Sion cantando, y gozo perpetuo habrá sobre sus cabezas; y tendrán gozo y alegría, y el dolor y el gemido huirán. (*Isaías 51:11)*

CAPITULO 13
Escalando la Montaña

¿Has escalado montañas o volcanes alguna vez? Cuantas veces nos hemos sentido que esquivamos obstáculos, que saltamos muros, sintiendo que nuestras fuerzas se agotan y que no serán suficientes. Sin embargo, se posa sobre nosotros, una fuerza sobrenatural que no alcanzamos a comprender, la razón por la cual aún continuamos en pie.

¿De dónde procede esta fuerza? Que nos levanta una y otra vez.

Su palabra dice:

Él da esfuerzo al cansado y multiplica las fuerzas al que no tiene ninguna.

Isaías 40: 29

Querido amigo, solo Dios tiene la capacidad para multiplicar lo que no hay, lo que no existe. Quizás te encuentres en un momento de tu vida en el que te sientes nadando contra corriente o escalando una cima, donde no divisas aún la cumbre, y te sientes cansado y piensas que no podrás llegar;

Dios va contigo, hasta asegurarse que la alcances, que alcances tu propósito, su palabra dice:

En todos los días de tu vida, no te dejaré ni te desampararé. Nadie podrá enfrentarte a ti.

Josué 1:5

Debes tener la seguridad, que no hay problema ni situación adversa que no puedas derribar en el nombre de Jesús.

Habían transcurrido 20 días desde el funeral de mi mamá, me encontraba limpiando mi casa, aspirando mis alfombras para ser más específica, aún estaba con mi corazón adolorido por su ausencia, de repente de nuevo Dios habló a mi corazón y me dijo:

“Prepárate, porque pronto me llevo a tu papá”.

Trataba de bloquear su voz y no escuchar, me lo repitió tres veces y pensé: No puede ser, es mi imaginación.

Había traído a mi papá a vivir conmigo, no quería que estuviera solo, desde la partida de mi mamá, él no era el mismo, su semblante había cambiado por completo, ya no sonreía, sin embargo, luchaba por sobreponerse a su perdida.

Un día le acompañé a hacerse unos exámenes de rutina, ese día fue diagnosticado con cáncer, de inmediato recordé la voz de Dios y lo que me había dicho. Mi papá lucia bien, estaba fuerte, desde que mi mamá se fue, él y yo nos hicimos amigos inseparables, salíamos al supermercado, a la iglesia, al parque, me lo lleve a la playa, porque él al igual que yo amaba el mar, solía disfrutar de una puesta de sol, su vida era viajar y era amante de la naturaleza.

Todas las mañanas comíamos fruta en mi jardín, ese día como de costumbre, platicábamos y recordábamos a mamá, cuando me dijo: Quiero ir a Guatemala para el mes de marzo del año entrante. (cuando me lo dijo era el mes de junio del año 2018).

Mientras me lo decía, escuché a Dios decirme, envíalo antes de esa fecha, porque para el mes de marzo ya no estará. "Envíalo Pronto".

En ese momento, me paré de inmediato y le dije, dame unos minutos ahora vuelvo. Entré en mi cocina y mis lágrimas se derramaron y oré a Dios.

¿Dios que me estás diciendo? ¿Esto es en serio? ¿Te lo vas a llevar?

¿No te parece que es muy pronto? Hice muchas preguntas, y todas sin ninguna respuesta. Solo silencio.

¿Qué hacer cuando el cielo guarda silencio? Hay momentos en la vida que deseamos que el tiempo simplemente se detenga, que el reloj no avance más, etc.

Apenas empezábamos a atravesar un luto, y cada uno de nosotros lo sobre llevábamos a nuestra manera, unos en el silencio, otros con negación, otros con mucha tristeza, en fin, era difícil.

Mi hijo Abraham con tan solo 9 años, después de la partida de mi mamá (su abuelita), había desarrollado ataques de pánico, desde que supo que no volvería a verla, mis hijos resintieron mucho esta etapa, mi hijo no pudo estar presente en el memorial de mi madre, se paró y se salió del templo, era muy difícil para él. Mi madre había sido para mis hijos una abuelita muy presente en sus vidas, desde que eran unos bebes, ella siempre estuvo allí. Todo el tiempo les hablaba de la palabra del Señor y los instruía con mucho amor, siempre solía poner sus manos sobre las cabezas de cada uno de ellos y declaraba palabra de bendición para sus vidas.

Mi hijo desarrolló terror al viento, a la lluvia, a los truenos y a salir de casa. Yo no podía comprender lo que le sucedía, nunca él se había comportado así.

Oraba por él todo el tiempo, y cada día continuaba esta situación, causando problemas aún en la escuela, hasta el punto de que tuve que conseguir ayuda de una terapeuta, para lograr entender lo que le ocurría, y de qué manera yo podía ayudarlo a superar esta situación.

Recuerda que somos alma, espíritu y cuerpo, y muchas de las situaciones que vivimos, se almacenan en nuestra alma, en nuestro subconsciente, y necesitamos aprender a conocernos. ¿Por qué es que actuamos de cierta manera?

Fue un tiempo fuerte, para mí. Mi papá comenzó con tratamientos de quimioterapia, al principio 2 o 3 sesiones semanales, llevarlo a esa clínica es lo más duro que he visto en mi vida.

Allí todos están unidos por un bien común, "superar el cáncer, y sanarse." allí miré personas de todas las razas, blancos, afroamericanos, chinos, hispanos, de todas las edades y de ambos sexos.

A ellos no les importa al lado de quien están, allí no hay racismo, ni envidias, allí no existe el orgullo ni la prepotencia, todos recibiendo sus sueros, recostados en un sofá, pidiendo a Dios por un poco más de vida.

Ves sus rostros, unos llenos de miedo, otros sufriendo dolor, otros angustiados, y otros más desgastados, casi muertos. (Hay veces que Dios nos permite llegar hasta ahí, para comprender que la vida no la tenemos comprada, que es un regalo que hay que disfrutar). Ahí comprendes que las cosas materiales, no te pueden añadir un día más de vida, ahí entiendes que la ropa de marca no te posiciona en un lugar de más importancia, ahí piensas que daría todo lo que tienes, darías tu casa, tu carro, tu dinero, darías todo, todo por estar sano y salir de ahí.

Mi papá hizo su viaje a Guatemala, Dios me dio la sabiduría para explicarle que era mejor que viajara en el mes de octubre, cinco meses antes de la fecha que él había planificado. Estuvo un mes con mis hermanos y su familia, de un momento a otro su salud se vio comprometida, y mis hermanos decidieron regresarlo conmigo, porque aquí en Texas estaban sus médicos.

En esos días tuvo una recaída grave, llamé a los paramédicos, y lo interné de emergencia, estaba muy mal casi inconsciente, al entrar al hospital, el médico me sacó de la habitación y me dijo que tendría que firmar muchos papeles para decidir si en caso de necesitarlo, autorizaba resucitarlo o dejarlo ir.

Sentía un peso agobiante sobre mí. No sé, si tú hallas vivido una experiencia similar, en donde no sabes que hacer, o que es lo correcto, no tenía a nadie más que tomara esta decisión por mí. Mi papá ya estaba consciente, entré a su habitación y hablé con él, le expliqué lo delicado de su situación, y le pregunté que era lo que él deseaba que yo hiciera. Él se quedó callado por unos instantes y luego me dijo: Yo no sé qué decir solo ora para que Dios te guie a hacer lo correcto en ese momento.

Gracias a Dios mi padre fue dado de alta, sentí que podía respirar con más tranquilidad, literalmente en ese tiempo, sentí que estaba en una montaña rusa con altas y bajas de emociones. Mi hijo aún continuaba con las terapias, para ayudarlo a atravesar el duelo y las crisis de los ataques de pánico, fue un tiempo emocional y físicamente muy extenuante.

Cada madrugada caía de rodillas, pidiéndole a Dios que me diera fuerzas un día más, y cada día al empezar mi día, oraba de la misma manera, es muy difícil cuidar de un enfermo en casa, pero yo había decidido hacerlo, no quería que nadie más se ocupara de esto. Dormía 3 o 4 horas por día, pero siempre, siempre pude ver la manifestación de Dios en nuestras vidas.

Muchas veces la vida no te prepara para las experiencias que vas a atravesar, nadie me preparó para el momento en que tendría que cambiar los pañales de mi papá. Fue muy difícil para él y para mí aceptar esto, pero lo hacía yo, o no lo hacía nadie, no existía otra opción. No es fácil asimilar ver a aquel hombre fuerte, cariñoso y amable consumirse como una llama que se apaga lentamente, no es fácil. En este proceso vimos la mano de Dios, cuando las medicinas no cumplían con su propósito, Dios lo hacía de una manera sobrenatural. Cada enfermera que entró a mi casa salía llorando por la presencia de Dios, y de escuchar a mi padre hablarles de un Dios poderoso que había muerto en una cruz porque las amaba demasiado.

En ese tiempo experimentamos muchísimos milagros, las enfermeras me decían que el diagnóstico médico de mi padre era para que él estuviera sufriendo con muchos dolores y estuviera usando morfina.

Sin embargo, mi papá, lucia optimista, sin dolores de ninguna clase, ellas decían que no coincidía lo que decían los reportes médicos con lo que ellas miraban.

Solo puedo decir que, por los últimos dos meses de vida de mi papá, Dios nunca nos abandonó, siempre caminó de nuestro lado, y nunca nos soltó de su mano.

En esos días de gravedad de mi papá, tuve un sueño, en donde yo escalaba una montaña, muy empinada, la verdad a mí me da vértigo las alturas, y el alpinismo no sería un deporte que yo deseara practicar. En este sueño, llevaba abrazada firmemente una ovejita blanca, era un corderito, en mi sueño esta ovejita se miraba tierna, sus ojos brillaban era como del tamaño de un perro mediano, pero esta ovejita era dócil, y no se movía, pero yo hacía un gran esfuerzo para subirla a aquella cumbre.

Me costó mucho llegar, llevaba un arnés, que me sujetaba fuertemente, y literalmente me iba arrastrando por aquella ladera con muchísimo esfuerzo, hasta llegar al pico, cuando llegué, dejé al corderito allí, alguien lo recibió, y yo descansé.

Cuando desperté pensé. ¿Qué significa?

El 30 de enero del 2019 a las 10:40 p.m. El corderito llegó a casa.

Mi papá se había ido a vivir con Jesús, le vi partir en paz, y su habitación estaba caliente muy caliente, algo extraño, porque ese día estaba muy frío, era en invierno, y el ambiente de mi casa estaba helado. Sin embargo, su dormitorio se sentía un calor indescriptible.

Estoy segura de que ese día el cielo conectó con la tierra, conectó con mi casa, estoy segura de que ángeles subían y bajaban a recoger lo que le pertenecía al Padre eterno.

De Jehová es la tierra y su plenitud; El mundo y los que en él habitan. (*Salmo 24:1)*

Tal como Dios me lo había hablado cuando llegó el mes de marzo, mi papá ya se había marchado. (Dios dijo: Envía a tu papá de viaje pronto, porque para el mes de marzo ya no estará.). Y así sucedió.

Mi hijo sanó, Dios le sanó de su proceso de luto, y con la ayuda de una amada Dra. Amiga y excelente profesional, y mucha oración salió adelante en victoria.

Los ataques de pánico desaparecieron paradójicamente en una noche de tormenta invernal.

Dios se manifestó, y mi hijo fue completamente libre, y Dios ha derramado sobre él, una unción para interceder por aquellos que se encuentran atravesando necesidad.

Hace muchos años, escuché una hermosa canción, que marcó mi vida para siempre, y que fue la que me sostuvo en mis momentos de más necesidad, y dice así:

"Este año ha sido montaña tras montaña, todas las he derribado solo por tu gracia;

Y aunque a veces pensaba que ya me desmayaba, tú estabas conmigo dándome confianza."

Roger Osorio/ Compositor.

Con todo mi amor y respeto para todos aquellos que han pasado procesos difíciles por la pérdida de un ser amado, mi corazón con todos aquellos que han pasados días y noches en la emergencia de un hospital, quiero decirte hoy: Dios estuvo allí, y te dio la fuerza para salir adelante en victoria. El deseo del corazón de Dios es verte sonreír de nuevo, fue duro sí, sí que lo fue, pero no te puedes detener, continua tu camino, continua tu viaje por la vida, sal de la prisión de la tristeza, de la ansiedad y de la depresión.

Avanza, avanza, los mejores años de tu vida, aún no los empiezas a vivir.

¡Que el abrazo del Padre eterno sea tu consuelo, y que en su hombro te puedas recostar, y que su izquierda te abrace!

¡Todas las montañas las he conquistado solo por tu gracia!

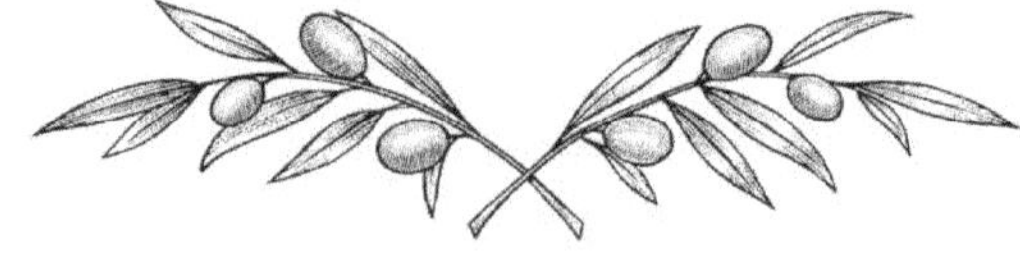

CAPITULO 14
Frente al Espejo

¿Cuántas veces nos hemos parado frente al espejo, y no hemos estado conformes con nuestra apariencia? Algunas veces somos muy críticos y nos juzgamos a nosotros mismos, y somos implacables y muy severos al ver nuestras imperfecciones. Criticamos nuestro cuerpo, nos enojamos con nosotros mismos, si hemos subido de peso y tenemos que aumentar unas tallas más, nos enojamos por ese postre que comimos de más, nos desilusionamos si nos salió una cana nueva si nos salió un barro o una mancha, peor aún si tenemos acné, tratamos de cubrirlo a como dé lugar, y nos ponemos todas las cremas que encontremos en el mercado, porque no nos gusta, porque pensamos que nos hace lucir mal.

Cuantas veces has sido severo y cruel contigo mismo, porque no consigues bajar de peso, o porque hubieras deseado ser más alto o bajo, o más bella etc. Siempre vemos lo superficial. (No quiero que me mal entiendas, todo eso es normal hasta cierto punto).

Siempre deseamos lucir bien, y eso es normal, no es malo, que nos demos nuestros retoques aquí y allá, nos hace sentir bien, ¿verdad?

¿Qué me dices? Del alma, del verdadero tú, del que habita dentro de ti, Si hablo de tu ser interior.

En mi proceso, tuve mucho miedo a pararme frente al espejo, y ver mis imperfecciones, Si las del alma, las imperfecciones de mi propio corazón, aquellas que pasan desapercibidas, las que disfrazamos o maquillamos, si, aquellas que las refundimos en lo más íntimo de nuestro ser, que escondemos para no ser rechazados o juzgados, Si de ellas hablo hoy.

¿Quién soy? ¿Qué me gusta?

¿Para dónde voy?

¿Esto realmente me hace feliz?

Muchas veces le saqué la vuelta a enfrentarme a mí misma, no deseaba ver mi reflejo, sabía que había algunas situaciones que no estaban bien, pero las ignoré, las puse a un lado, sabía que estaban allí, pero no quería tenerlas frente a mí. ¿Por qué?

Tenía miedo, Si, lo admito mucho miedo a ver el pasado a confrontar mis debilidades, a encontrar mis errores y mis culpas etc. Preferí huir.

Hoy tienes una valiosa oportunidad y una herramienta poderosa en tus manos. “Este libro”, que nació en el corazón de Dios, para ayudarte, para darte la fuerza que necesitas para enfrentarte a ti, si, a ti. Descubre lo que hay adentro, descubre tus gigantes, esos gigantes que no te dejan avanzar, que te paralizan que te limitan, que te dejan sin fuerzas para luchar. No huyas más, no corras, no te escondas, Dios está contigo hoy y quiere traer tu sanidad.

Muchas veces deseamos huir de la realidad y decidimos vivir en un mundo de ficción, mostrando una actitud que no es la nuestra, mostrando fuerzas cuando lo que hay es debilidad, enojo cuando en realidad lo que hay es frustración, huimos cuando la realidad es que deseamos quedarnos.

¿Cuál es la verdad? ¿En dónde está Mi VERDAD?

¿No te parece que has estado en negación ya por mucho tiempo? Es tiempo para pararte frente al espejo, si, frente a tu espejo, pararse allí significa caer de rodillas y decirle a Dios, me cansé de fingir, me cansé de pelear, me canse de usar máscaras, me canse de usar una identidad que no es la mía.

¿Puedes ver tu reflejo? ¿Puedes admitir tu verdad?

Jacob lo hizo cuando peleó con el ángel de Jehová. Mientras forcejeaban el ángel le preguntó: ¿Cómo te llamas?, y allí frente a él, ya no lo pudo negar más y dijo: Si, mi nombre es Jacob (engañador). El ángel, le dijo: Ya no será más tu nombre Jacob, de ahora en adelante te llamarás Israel (Príncipe de Dios).

Génesis 32: 28

Nadie es perfecto, todos nos equivocamos en la vida, de eso se trata toda la existencia humana en errar y corregir. ¿Lo puedes ver? Es tu tiempo para enfrentarte a aquello que te hace daño, admitirlo te dará la oportunidad de sanar, de recuperar, de avanzar, de conquistar etc.

Dios quiere obrar en tu vida. Jacob había desarrollado una conducta incorrecta, se había acostumbrado a adquirir lo que deseaba, usando métodos incorrectos, funcionaba a través del engaño y la mentira, toda su vida era un patrón continuo de falsedades. Pero tuvo una visita oportuna, que no dejó pasar, sino que la tomó.

Hoy es tu oportunidad. ¿La dejarás pasar?

Muchos nunca lo lograrán, porque requerirá de sinceridad, coraje y honestidad consigo mismo.

¿Qué hay de ti? ¿Lo tienes?

¡HOY ES TU DÍA, ENFRENTALO DE UNA VEZ!

Permite que las tiernas manos de Jesús entren en tu corazón y lo sane. Admite tus errores, pero sin juzgamientos ni reproches. Dios no se apresura, solo porque tú tengas prisa. Él se toma su tiempo y lo hace paso a paso porque te ama tanto, porque te ama demasiado.

¡SE LIBRE HOY, Y MIRATE COMO DIOS TE VE!

No vivas más en vergüenza, soledad, fracaso y ansiedad. Recuerda que Dios te ve con amor, su palabra dice; Y la paz de Dios que sobrepasa todo entendimiento, guardará vuestros corazones y vuestros pensamientos en Cristo Jesús.

Piensa en todo lo honesto, en todo lo verdadero, todo lo justo, todo lo puro, todo lo amable, todo lo que es de buen nombre; Si hay virtud alguna, Si algo digno de alabanza, en esto pensad.

Filipenses 4: 7-14

Ora conmigo: Querido Jesús, sana mi alma, te entrego mi corazón, mira todo este peso extra que llevo, ayúdame, ya no puedo más.

Me cansé de fingir, me cansé de hacerlo todo a mi manera. ¿Puedes venir y quedarte aquí conmigo? Te necesito por favor ven.

¡RESPIRA HONDO, Y SIGUE DISFRUTANDO DEL VIAJE!

CAPITULO 15
Huecos del Alma

Todos los procesos que hemos experimentado a lo largo de nuestras vidas nos dejan experiencias, lecciones y aprendizajes, que no debemos subestimar ni pasar por alto.

Sin embargo, también nos dejan, heridas, cicatrices y huecos en el alma.

Quiero darte la definición de hueco, para darte una idea más amplia de lo que estoy hablando.

Hueco: Que está vacío por dentro, que no tiene en su interior lo que le corresponde tener. Espacio vacío dentro de un cuerpo o un objeto, lugar que está vacío o no ocupado. Llenar o no llenar el hueco que deja alguien o algo.

Sabes lo que has vivido ha dejado un registro en tu interior, no se ve a simple vista, porque somos muy buenos ocultando las cosas. Lo ocultamos detrás de un buen maquillaje, lo ocultamos detrás de una elegante casa, con un auto de lujo, lo ocultamos detrás de títulos universitarios, con dinero, posesiones materiales etc.

Sin embargo, nuestras actitudes, forma de ser, forma de pensar, nos delatan y dejan ver de alguna manera que no todo es perfecto como deseamos dar a entender a los demás.

Te he relatado desde el inicio de este libro parte de mi vida, eventos sucedidos desde mi infancia, adolescencia, juventud y mi edad adulta, todos esos capítulos me han llevado a ser la persona que soy hoy. Con mis errores con mis dudas, mis temores, mis triunfos, mis tropiezos y mis aciertos también etc. Sabes he aprendido a través de ellos a "AMARME", me han enseñado, que cada vez que me caigo, me puedo poner de pie otra vez.

Descubrí mis huecos, al verme en el espejo, entendí quien en realidad soy, que ya no me importa lo que los demás opinen de mí, porque yo sé quién soy y el valor que tengo.

Todos llevamos huecos en nuestra alma, unos más profundos que otros, pero allí están, lo quieras o no lo quieras ver, allí están.

Logré por fin entender por qué prefiero la soledad que estar rodeada de muchas personas, descubrí la razón por la cual soy muy desconfiada, aprendí a hacerle más caso a mis instintos.

Entendí la razón por la cual prefiero callar que querer tener siempre la razón, conozco mis límites, no empiezo batallas que sé que nunca ganaré, aprendí el cómo, cuándo y con quién, etc. Conocí mis huecos, los vi de frente, y mejor aún los enfrenté, y perdieron todo su poder sobre mí. El objetivo de este libro es llevarte a comprender.

¿Quién eres? Y lograr encontrarte con tu realidad, si, con la realidad de tu vida, dejar de escapar y huir una y otra vez de aquello que te atemoriza, muchos huyen de los retos y responsabilidades, es tiempo de conocerte a ti mismo, es tiempo de descubrir los vacíos de tu alma, pero sin acusaciones, juzgamientos ni culpas.

La palabra del Señor dice:

Y conoceréis la verdad, y la verdad te hará libre.

Juan 8:32

Muchos de los huecos de mi alma, estaban profundamente escondidos, es más no sabía que estaban allí, fue a través de la palabra de Dios, que encontré mis respuestas, fue a través de ella que encontré la medicina que mi ser interior necesitaba.

Su palabra dice:

Hijo mío está atento a mis palabras; inclina tu oído a mis razones, No se aparten de tus ojos; Guárdalas en medio de tu corazón; porque son vida a los que las hallan, y medicina a todo su cuerpo. Sobre toda cosa guardada, guarda tu corazón; porque de el mana la vida.

Proverbios 4: 20-23

A Dios le interesa mucho tu corazón (alma). Sabes la palabra corazón está escrita 876 veces en la Biblia, y se utiliza en varios contextos, que hacen referencia a los deseos o voluntad de una persona.

Dios anhela que le amemos con todo nuestro corazón, pero algunas veces no podemos, porque está ocupado con tanta culpa, dolor y malos recuerdos.

¿Cómo puedo comenzar a sanar los huecos de mi alma?

A continuación, te doy una guía, que será de mucha utilidad para ti.

1… Admite que necesitas ayuda.

2… No tengas temor a ver el pasado.

3… Identifica los malos ejemplos que recibiste en tu niñez, que hicieron un patrón de conducta en tu vida.

4… Escúchate hablar, la palabra del Señor dice, que de la abundancia del corazón habla la boca. (Mateo 12:33-35)

5… No olvides orar cada día al Espíritu Santo. Toma un tiempo, pídele que te guie a toda verdad, Él es tu maestro, tu amigo. Él nunca se cansa de escucharte.

6… Lee la palabra de Dios. Te motivo a estudiar el libro de Proverbios, en lo personal Dios trajo mucha sanidad a mi vida a través de ese hermoso libro de la Biblia.

7… Busca un mentor, o un pastor lleno del Espíritu de Dios para que ore contigo, puedas exteriorizar lo que ya identificaste que te ha estado afectando, de preferencia si eres una mujer, busca una mujer que te ministre, igualmente si eres un hombre busca un consejero hombre.

8… Vive un día a la vez, no corras de prisa, muchas veces la sanidad interior toma su tiempo. Dios irá contigo en el trayecto, te abrazará, te sustentará, y te levantará las veces que sean necesarias, porque así es su amor.

9… Aprende a perdonar y a pedir perdón, pero sobre todo aprende a perdonarte a ti mismo.

10… No te lastimes con palabras duras como: Soy tonto, no puedo, nunca lo lograré, no sirvo para nada, no debí de haber nacido, soy un fracaso, es imposible, nada bueno me ocurre a mí etc. Sácalas de tu vida, sácalas de tu vocabulario, son como parásitos que te destruirán, en lugar de ellos siembra la palabra de Dios.

Quiero que por un momento puedas imaginarte con un clavo y martillo en tu mano, martillando sobre una pared, luego quiero que imagines que sacas ese clavo de la pared.

¿Puedes verlo o imaginarlo?

Quedó un hueco un hoyo, así queda nuestra alma, cuando hemos sido martillados por las malas experiencias de la vida.

Ahora bien, Dios no solo te quiere sanar, sino también desea llenar esos vacíos, con su amor, con su presencia. Él quiere ser ese padre amoroso que nunca tuviste, Él quiere llenar el vacío que dejó tu esposo, quiere llenar ese vacío que dejó tu hijo, tu hija, esa persona que se marchó y que nunca volvió. Dios te espera con los brazos abiertos. Él es experto en reparar los pedazos fragmentados de tu corazón.

Su palabra dice:

Crea en mí, Oh Dios un corazón limpio, y renueva un espíritu recto dentro de mí.

Salmo 5: 10

Fíate de Jehová de todo tu corazón, y no te apoyes en tu propia prudencia, reconócelo en todos tus caminos, y él enderezará tus veredas.

Proverbios 3: 5-6

Bienaventurados los de limpio corazón, porque ellos verán a Dios. (Mateo 5:8)

¡Hoy comienza tu maravilloso viaje de auto conocimiento!

La palabra del Señor nos enseña, que él condujo a su pueblo Israel a través del desierto por cuarenta años, solo para probar lo que había en su corazón. Dios descubrió el corazón de su amado pueblo a través de esa larga travesía.

Deuteronomio 8: 2

Imagínate 40 años puede ser toda una vida. Dios quiere que salgas victorioso de este taller, si, te pones en las manos del alfarero, él trabajará contigo, somos barro en sus manos, y él nos da la forma de su amado hijo Jesús.

¡CAMINA, NO TE DETENGAS!

CAPITULO 16

Ven a Jesús

Porque de tal manera amo Dios al mundo, que ha dado a su hijo unigénito para que todo aquel que en él cree, no se pierda, más tenga vida eterna.

San Juan 3:16

¡Has llegado a la cima de este viaje! Sé que, en el trayecto, muchos recuerdos han venido a tu memoria, y quizás algunas lágrimas se hayan escapado por allí. ¡Está bien!

¿Sabías que las lágrimas limpian el alma y traen sanidad?

Muchas personas han sido confundidas desde su infancia, se les ha enseñado que las lágrimas son símbolo de debilidad, motivo por el cual reprimen el llorar, pensando que si lloran serán señalados como débiles, cobardes, faltos de carácter etc.

En un tiempo de mi vida, yo le supliqué a Dios, por favor, Señor, hazme llorar, me había endurecido de tal manera, que ya no podía llorar, lo reprimí por tanto tiempo, que cuando Dios empezó a hacer su obra en mí, se me hacía un nudo en la garganta, pero no podía llorar. ¡DIOS ME LIBERÓ!

Rompió las cadenas que me ataban, y fui llena con su Espíritu Santo. ¡Oh que regalo más hermoso! No hay palabras que lo puedan describir.

Jesús el buen Pastor, Él es el Príncipe de los pastores, El Príncipe de Paz. Te ama tanto, aun antes que te formases en el vientre de tu madre, te vio y te llamo por tu nombre y escribió una hermosa historia para ti, y te dijo: "MÍO ERES"

Su palabra dice:

Mi embrión vieron tus ojos, y en tu libro estaban escritas todas aquellas cosas, que fueron luego formadas, sin faltar una de ellas. (Salmo 139:16).

Dios tiene planes de bien para ti, y para los tuyos, porque tu historia ya fue escrita en la eternidad. Sin embargo, déjame decirte que hay un enemigo, el enemigo de tu alma, que busca tu destrucción, siempre ha querido deshacer la obra de Dios, tú, eres la obra más perfecta de Dios. Fuiste creado a su imagen y semejanza, y con un propósito y diseño muy particular y único, pero tu enemigo busca entorpecer, bloquear y obstaculizar, los planes maravillosos que Dios diseño para ti.

Tendrás que pararte muy firme, para luchar con violencia, para poder vencer, pero no podrás hacerlo solo, "Necesitas a Jesús".

Si, al más poderoso en tu vida. Lo bueno del pasado, es que ya se quedó atrás, hoy tienes una tremenda oportunidad para cambiar el rumbo de tu vida, y empezar de cero, borrón y cuenta nueva.

Te imaginas tener una gran lista de delitos, que incluya homicidios, robos, ultrajes, asaltos, asesinatos, desfalcos etc. Y que tu sentencia sea prisión de por vida, o sentencia de muerte, Y que, en lugar de pagar por tus culpas, el juez te absuelva y te dé por inocente, y te dé la libertad, cuando tú pensabas que nunca más vivirías en libertad. Eso es lo que hace precisamente aceptar el amor de Jesús, borra todos tus pecados, con su sangre preciosa y te perdona, y te da la libertad. ¿Lo merecemos? No, pero Él lo hace. Sabes eso se llama "GRACIA". CUANDO RECIBIMOS LO QUE NO MERECEMOS.

Su palabra dice:

Por cuanto todos pecaron, y están destituidos de la gloria de Dios.

Romanos 3:23

¿Estás dispuesto a aceptar ese hermoso sacrificio que alguien más hizo por ti? Jesús recibió el castigo que tú y yo merecíamos.

Él decidió ir a la muerte en tu lugar, para traerte a ti la salvación. Él derramó hasta la última gota de su sangre, en la cruz del Calvario, derramo su vida, para darte vida eterna y traerte de vuelta al corazón del Padre, es la única manera que tenemos, para poder escapar de las garras de satanás, es la única manera que existe de empezar una vida nueva, sin delitos ni pecados que pesen en nuestra alma. Dios es el único que tiene el poder para sacarte de tu prisión y de romper todas las cadenas que te atan.

¿Puedes oír el susurrar de su corazón? Él está ahora mismo allí cerca de ti, a tu lado, no luches más en tus fuerzas, no huyas más de su amor.

Sabes su palabra dice:

El buen Pastor deja a las 99 ovejas, las deja seguras en el redil, y corre tras aquella que se le extravió, y al encontrarla la pone sobre sus hombros, gozoso y feliz.

Lucas: 3:7

Él te está buscando desde hace mucho, te has escapado por muchos lugares, y solo has conseguido herirte y lastimarte cada vez más.

Sin embargo, hoy te sale al encuentro a través de este libro.

JESÚS TE ESTÁ LLAMANDO, JESÚS TE ESTÁ LLAMANDO, ¡VEN, VEN, ¡VEN!

Únete conmigo en oración:

Señor Jesús, Gracias por amarme tanto, no sabía que tú estabas interesado en mí.

Quiero conocerte y tener una relación real contigo. Perdona mis pecados, perdóname las muchas veces que te he ofendido. Hoy quiero recibir tu amor y tu fuego purificador, acepto el sacrificio que hiciste por mí en la cruz, gracias por venir a rescatarme, gracias por pagar mi deuda, gracias por hacerte cargo y responsable por mis culpas, por mis delitos, gracias por venir a rescatarme de una muerte segura y eterna, gracias por darme salvación y vida eterna.

Jesús ven, te necesito en mi vida hoy, gracias por amarme, hoy te recibo como mi Dios mi Señor y mi Salvador, por el nombre poderoso de Jesús. ¡Amén!

Si hiciste esta oración por primera vez en tu vida, déjame decirte que tu nombre fue escrito en este preciso momento en el reino de los cielos, fue escrito en un libro, no con cualquier tinta que se borra, ¡no!, sino que fue escrito con la sangre preciosa de Cristo Jesús.

Su palabra enseña que hay fiesta en los cielos cuando un pecador se arrepiente.

Lucas 10: 20-22

De modo que, si alguno está en Cristo, nueva criatura es, las cosas viejas pasaron; he aquí todas son hechas nuevas.

2 corintios 5: 17

Pero Dios que es rico en misericordia, por causa del gran amor con que nos amó, aun cuando estábamos muertos en nuestros delitos, nos dio vida eterna, juntamente con Cristo, (Por gracia habéis sido salvados), y con Él nos resucitó, y con él nos sentó en lugares celestiales en Cristo Jesús.

Porque por gracia habéis sido salvados por medio de la fe, y esto no de vosotros, sino que es don de Dios.

Efesios 2: 4-8

Ahora eres su hijo, Si, ¡hijo de Dios!

Busca una Biblia y empieza a leerla, todos los días, y toma un tiempo a solas para hablar con Dios. Él desea tener una relación real y estrecha contigo.

No olvides dar gracias, por lo que Él ha hecho contigo en este día.... ¡AHORA ERES SALVO!

CAPITULO 17
Punta de Lanza

Quiero dedicar este último capítulo a todos los ministros, hombres y mujeres de Dios, que han trabajado arduamente por la causa de Cristo, a todos los que, sin ver su reloj, han amado, guiado y apacentado a la grey que ha sido depositada en sus manos.

Así dice el Señor:

Óiganme, países del mar, préstenme atención, naciones lejanas: El Señor me llamó desde antes que yo naciera; pronunció mi nombre cuando aún estaba yo en el seno de mi madre.

Convirtió mi lengua en espada afilada, me escondió bajo el amparo de su mano, me convirtió en una flecha aguda y me guardó en su aljaba, me escondió bajo el amparo de su mano, y me dijo: "En ti me mostraré glorioso."

Yo que había pensado, "He pasado trabajos en vano, he gastado mis fuerzas sin objeto, para nada". En realidad, mi causa está en manos del Señor, mi recompensa, está en poder de mi Dios.

He recibido honor delante del Señor mi Dios, pues él ha sido mi fuerza.

Isaías 49: 1-13

Dios quiere derramarse sobre ti una vez más, Dios ha visto tu levantar y tu acostar. ¿No ha sido fácil verdad? Pero aun así sigues en pie.

Nosotros como ministros del Señor, no somos la excepción, también en nuestros corazones hay huecos (vacíos) que necesitan ser identificados y ser llenados con la preciosa unción del Espíritu Santo.

¿Cuántas veces has corrido del llamado? Te has cansado, te has desilusionado, pensaste que iba a ser fácil, pero no fue así, jamás te imaginaste, las traiciones que ibas a sufrir, de aquellos que tanto amaste y tanto les diste.

El Señor te pregunta hoy:

¿Dónde quedaron tus sueños, tus ilusiones, tus proyectos, tus planes, que me decías en secreto cuando estábamos a solas? Más de una vez me dijiste me entrego a ti sin reservas ni condiciones, úsame como tú quieras, te quiero servir.

¿Qué paso con el fuego del primer día?, ¿qué sucedió que te quedaste perdido y vacío?

¿Cuándo dejaste de consultarme, y pedirme consejo?

¿Cuándo pensaste que podías hacerlo solo? ¿Qué te pasó que te sentiste en un callejón sin salida? ¿Cuándo intercambiaste mi llamado por un plato de lentejas?

Amado del Señor, sé que tu caminar no ha sido fácil, sé de las lágrimas que has derramado, porque una a una ha sido recogidas por el Padre, y las ha depositado en su redoma.

El Señor sabe del dolor que sientes por tus hijos, que se han apartado de la casa del Padre, él ha visto tu desespero, porque se han corrompido siguiendo al dios de este siglo.

Quizás pienses que todo se perdió, pero no es así, no olvides que Dios nunca pierde el control, nada ni nadie se puede escapar de su mano, recuerda que él dijo:

YO SOY EL QUE SOY, el Dios de toda carne, tus hijos le pertenecen al Señor son de él. Ten paz. ¡No temas!

Su palabra dice así:

No temas, porque yo estoy contigo; no desmayes, porque yo soy tu Dios que te esfuerzo; siempre te ayudaré, siempre te sustentaré con la diestra de mi justicia.

Isaías 41:10

Dios es nuestro amparo y fortaleza en nuestras tribulaciones. Por tanto, no temeremos, aunque la tierra sea removida. Y se traspasen los montes al corazón del mar, aunque bramen y se turben sus aguas. Y tiemblen los montes a causa de su braveza, Porque Dios está en medio de ella; no será conmovida, Dios la ayudará al clarear la mañana. Jehová de los ejércitos está con nosotros; Nuestro refugio es el Dios de Jacob.

Salmo 46: 1-7

¿Crees que Dios ya terminó contigo? ¿Piensas que Él te abandonó?

Sabes cuando nosotros pensamos que él ya terminó, es cuando realmente empieza su perfecto plan contigo y conmigo. Recuerda que él llama las cosas que no son como si ya fuesen.

Él sabe todo lo que has perdido, él desea que lo encuentres de nuevo, que regreses a donde todo comenzó. Que regreses a tu primer amor, que regreses a esos días donde todo tu corazón ardía en fuego por él. Él anhela ser tu fuente de abastecimiento. ¿Te detuviste? ¿Hiciste una pausa en tu caminar?

Respira hondo, y toma otro respiro, porque largo camino te resta, toma agua para el camino y sigue avanzando.

Quizás te han difamado, perseguido o no han creído en ti. Otros tal vez te han engañado, se atrevieron a afrentarte, se atrevieron a juzgarte, aquellos que amaste, aquellos a quienes les enseñaste, te subestimaron, etc.

¿Perdiste la fe? ¿Te distrajiste? O quizás perdiste tu familia, a tu esposo, a tu esposa, tus hijos porque tomaste una mala decisión.

¡Levántate!, levántate!, ¡Levántate! Lo que Dios te dio, el llamado que te hizo es irrevocable, lo que Dios depositó en ti, nada ni nadie te lo puede quitar, te pertenece, así lo dice su palabra.

¡YA ES TIEMPO QUE VUELVAS A CASA!

Porque irrevocables son los dones y el llamamiento de Dios. (*Romanos 11: 29)*

¿Recuerdas la escritura donde se narra acerca de la mujer adúltera? Quién fue sorprendida y descubierta en el mismo acto, todos estaban listos con sus proyectiles (piedras).

Sin embargo, no pudieron condenarla, porque ellos sabían que tampoco estaban limpios del todo.

Uno a uno se marchó con sus cabezas agachadas, Jesús le dijo: ¿Dónde están los que te acusan?

¡NO HAY NINGUNO! Jesús le dijo: Tampoco yo te condeno, vete y no peques más. (*San Juan 8: 1-11)*

El que encubre sus pecados no prosperará, más el que los confiesa y los abandona alcanzará misericordia. (*Proverbios 28:13)*

Siento al Espíritu de Dios moverse. Él te está llamando una vez más, Ven a él, no tienes a dónde huir, no tienes dónde esconderte de su presencia. Sabes que no puedes seguir escondiéndote, no encubras ese pecado por más tiempo, ábrele el corazón, muéstrale esos vacíos internos, él obrará a tu favor.

Él está listo para depositar su aceite fresco sobre ti, una vez más si se lo pides. Permítele al Espíritu de Dios llenar tu alma, sanar toda herida, corregir y enderezar tus caminos.

Muchos ministros hombres y mujeres que Dios ha levantado, ahora mismo están luchando fuertemente contra demonios de adulterio, fornicación, pornografía, y todo tipo de adicciones, fantasías sexuales. Esos huecos han estado ocultos, ya por muchos años, y si no los enfrentas, terminaran por destruirte completamente.

Nadie puede servir a dos señores, o amará a uno o aborrecerá al otro. Recuerda ninguna fuente puede dar agua dulce y agua amarga al mismo tiempo.

Hoy es tu día para pararte frente al espejo y encontrarte con tu realidad. Dios está listo para traer restauración a tu corazón, solo necesitas arrepentirte, pedir perdón al Señor y a los afectados, y apartarte de todo pecado.

Dios te llamó para ser "PUNTA DE LANZA". ¡Tu lanza necesita estar bien afilada, si perdió su filo hoy es el día de Levantarte! Como ese siervo de Dios que eres, como esa mujer de Dios que eres. ¡Levántate! Una vez más, y afila tu lanza, afila tu flecha en el nombre poderoso de Jesús.

Declara conmigo esta palabra:

Te amo, oh, Dios fortaleza mía. Mi roca, mi castillo y mi libertador; Mi Dios, mi fortaleza en ti confiaré.

Mi escudo y la fuerza de mi salvación, mi más alto refugio.

Le invocaré, porque Él es digno de ser alabado y seré salvo de mis enemigos.

Me rodearon ligaduras de muerte y torrentes de perversidad me atemorizaron.

Ligaduras del Seol me rodearon, me tendieron lazos de muerte.

En mi angustia invoqué a Jehová y clamé a mi Dios, y Él me oyó desde su templo, y mi clamor llegó delante de él, a sus oídos.

Cabalgó sobre un querubín, y voló; voló sobre las alas del viento.

Tronó en los cielos Jehová. Y el Altísimo dió su voz.

Envió desde lo alto; me tomó, me sacó de las muchas aguas.

Me libró de mi poderoso enemigo y de los que me aborrecían; pues eran más fuertes que yo.

Me asaltaron en el día de mi quebranto, más Jehová fue mi apoyo.

Tú encenderás mi lámpara; Jehová mi Dios alumbrará mis tinieblas.

Contigo desbarataré ejércitos, y con mi Dios asaltaré muros.

Perseguí a mis enemigos, y los alcancé, y no volví hasta acabarlos.

Los herí de modo que no se levantasen; cayeron debajo de mis pies.

Viva Jehová, y bendita sea mi roca, y enaltecido sea el Dios de mi salvación.

Salmo 18

¡ES TIEMPO DE AFILAR TU LANZA, TÚ ERES PUNTA DE LANZA PARA LAS NACIONES!

El anhelo de mi corazón es que este libro haya sido de edificación y sanidad para tu corazón. Sé que día a día enfrentaremos nuevos retos, que nos llevarán a nuevas alturas en Cristo Jesús.

Te requiero delante de Dios y de Cristo Jesús, quien ha de Juzgar a los vivos y a los muertos tanto por su manifestación como por su reino.

Prédica la palabra mantente dispuesto a tiempo y fuera de tiempo; convence reprende y exhorta con toda paciencia y enseñanza, sé sobrio en todo, soporta las aflicciones, haz obra de evangelista, cumple con tu ministerio. (*2 Timoteo 4: 1-4)*

Y su Señor le dijo: Bien buen siervo y fiel; sobre poco has sido fiel, sobre mucho te pondré; entra en el gozo de tu Señor. (Mateo 25:21)

EL MENSAJE A FILADELFIA:

Escribe al ángel de la iglesia en Filadelfia: Esto dice el Santo, el Verdadero, el que tiene la llave de David, el que abre y ninguno cierra, y cierra y ninguno abre.

Yo conozco tus obras; he aquí, he puesto delante de ti una puerta abierta, la cual nadie puede cerrar, porque, aunque tienes poca fuerza, has guardado mi palabra, y no has negado mi nombre.

He aquí yo entrego de la sinagoga de satanás a los que se dicen ser judíos y no lo son, sino que mienten; he aquí, yo haré que vengan y se postren a tus pies, y reconozcan que yo te he amado.

Por cuanto has guardado la palabra de mi paciencia, yo también te guardaré de la hora de la prueba que ha de venir sobre el mundo entero, para probar a los que moran sobre la tierra.

He aquí yo vengo pronto; retén lo que tienes, para que ninguno tome tu corona.

Al que venciere, yo lo haré columna en el templo de mi Dios, y nunca más saldrá de allí; y escribiré sobre él, el nombre de mi Dios, la nueva Jerusalén, la cual desciende del cielo, de mi Dios, y mi nombre nuevo.

El que tiene oído, oiga lo que el Espíritu dice a las iglesias.

Apocalipsis 3: 7-13

www.ingramcontent.com/pod-product-compliance
Ingram Content Group UK Ltd.
Pitfield, Milton Keynes, MK11 3LW, UK
UKHW020142250726
13967UKWH00002B/808

9 781678 051938